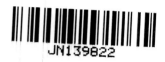

記憶と感情のエスノグラフィー

―認知症とコルサコフ症候群のフィールドワークから―

佐川　佳南枝 著

ハーベスト社

記憶と感情のエスノグラフィー：目次

序章　記憶が喪われるとき

第１節　記憶が喪われるとき

「思い出になっていかないんだ。どこに行ったとしてもね。何をやってもね」。丸い石が欲しいという妻の求めに応じて海にドライブし、拾ってきた石の小山を玄関先で示しながら夫は語る。帰宅するとすぐに、妻は石のことは忘れてしまい、「これは何？」と聞く。「あんたが欲しいといったんじゃろ？」「知らんよ」「海へ行ったんじゃろ？」「そんなとこ行かんよ」

夫婦はよく旅行へ出かけた。その旅先の宿の浴場から部屋へ帰る途中で妻は迷ってしまう。はじめて認知症を疑った。「これからは、遠距離行かれんなと思う。行っても記憶ないでしょ。どこまで行ったにしてもね。うん、ぜんぜん記憶ないんだから。おととしの分もその前もね。……思い出が残らないんですよ。ねえ。自分の記憶でないんだからね」

妻が思い出を残せなくなったことを繰り返し嘆く彼に、私はなんと答えたのだったろう。そのとき私は妻が通う重度認知症デイケア(1)の作業療法士だった。

記憶の社会学においては、記憶は現時点での言語による相互作用によって構築されるという構築主義的立場が主流である。しかし認知症が進行して言語が喪われていったとしても、残っていく記憶があるのではないか。記憶が喪われゆくなかで、それでも他者と関わりつづけようとするとき、人間のもうひとつの根源的な能力である「感情」が大きく立ち上がってくるのではないか。本書はそうした仮説をもとに記憶と感情が交差する場面に接近していく。

本研究のフィールドはある地方都市の重度認知症デイケアである。各章によって対象者は変わるが、この研究を通しての期間は2003年4月から2009年8月である。私は2003年4月から2006年3月までは、この認知症デイケアの作業療法士として勤務しており、データは職務としての自然な形での参与観察から得たものと、場面を設定してのグループインタビューや、家族への個別インタビューから得られている。その後、退職して大学院の後期課程に入学してからは2009年8月に2週間ほど、外部の研究者として病院の許可を得て、同じ認知症デイケアにて参与観察と個別インタビューおよびグループインタビューを行った。なお、本書に登場する人物名や機関名はすべて仮名である。

第2節　問いと本書の構成

本書では、認知症高齢者の弱さの部分ではなく、むしろ強さに着目している。つまり記憶を失い自己が曖昧化していくことに抗して自己をなんとか持ち続けようとし、他者との関係性をつないでいこうとする力に焦点を当てる。彼らが弱まる記憶を補完しながら残存する感情を駆使して、どのように関係性を維持、形成しているのか。そうした認知症高齢者の記憶と感情をもとにした関係性形成のありように原初的な社会の形成原理が見えてくるのではないかと考える。

本書では記憶と感情に関連してフェイズの異なるふたつの問いを設定している。ひとつは、個人の視点からの問いであり、記憶が喪われゆくとき自己はどのように他者との関係性を保って社会のなかに存在しつづけることができるのか、というものである。もうひとつは集団の視点からの問いであり、感情と記憶をもとにどのように社会が形成されていくのか、というものである。ここでいう自己とは、観念論的自己ではなく、身体と心をもつ心身一元的な自己であり、社会とは、直接的で対面的な相互作用が行われる最小単位の社会を指す。

第1章は、第一の問いに関連したものであり、記憶の連続性があるということ、あるいはないということが他者との関係性を維持するうえで、また社会の中で存在するうえでどのような意味を持つのか、またそのような記憶の連続性を持たない人が、どのようにして他者との安定した関係性を維持できるようになったのかを、ある記憶障害を持つ人の事例をもとに考察する。

続く第2章、第3章は、ふたつめの問い、感情と記憶をもとにどのように社会が形成されていくのかに関連する章である。第2章では、社会を形成するもととなる感情はなにか、そしてそれはどのようなプロセスで作用し始めるのかを明らかする。認知症高齢者のデイケアでの参与観察により、こうしたプロセスを追った。第3章においては、個人の記憶がどのように集合的記憶となっていくのか、そうした記憶を語るときに個人の感情がどのように他者の記憶と融合し集合的感情となっていくのかを問う。戦争の記憶という感情に刻印された記憶を語り合う認知症高齢者たちの語り合いの場面を題材としている。

第4章では、再び第一の問いに戻り、記憶が喪われ言葉が喪われてゆくとき、親密な他者との関係性はどのように変容するのか、関係性が維持されるとしたら、それはどのように可能なのについて考察する。記憶と言語の喪失程度が異なる三組の夫婦を取り上げているのだが、それはまたひとつの夫婦の経時的変化としてもみることができる。

終章では、結論として、この4つの実証研究をとおして得た問いへの答えを提示し、ケアへの提言を述べる。

第3節　方法と視座

本書はある認知症デイケアでのフィールドワークで得られた観察、インタビューをもとにしたエスノグラフィーである。第1章では、コルサコフ症候群の男性に焦点化し、第2章ではグループでもの忘れについて、第3章は戦争体験について語り合う場に焦点化している。第3章では、個別、集合体での記憶の流れや感情エネルギーの変化が見えやすいようにと会話分析的な表記を試みた。第4章は、介護者が夫婦の人生や生活、ケアすることの意味づけを語るライフストーリーを含めたエスノグラフィーとなっている。

ギアーツはエスノグラフィーを行うことは、「厚い記述」(2)を行うことであり、厚い記述とはその行為にこめられた意味を深く解釈し説得的に表現していくことであるとしている(Geertz 1973=1987)。つまり本論文で目指すことは、相互作用を客観的に記述するのみではなく、特定の人びとの経験に対する解釈を行い、そのなかで自分の行動や感情も含め、他者が理解できるよう、「厚い記述」としてのエスノグラフィーを行うということである。

フィールドでの私の立ち位置は第1、第2、第4章においては当該デイケアの作業療法士として「完全なる参加者」であり、第3章においては「観察者としての参与者」、「参与者としての観察者」、このどちらともとれるものであった。また調査対象者の経験の解釈のみに照準するのではなく、調査者である私自身のその時の感情を記述することも試みた。

現在、記憶の社会学、感情の社会学においても「現実は言語により社会的に構築されている」という構築主義の立場が主流を占めている。しかし構築主義によれば記憶や感情も他者との相互作用により言語的に構築されるものとされてしまい、身体で経験される記憶や感情を射程外においてしまう。本論ではこうしたリアルな記憶の経験、感情の経験をすくいとるため、構築主義的記憶論・感情論に拠らず、生理的過程も視野に含めながら、有用と思われる知見であれば自然科学領域のものも積極的に取り入れた。本論で参照したのは、動物行動学、脳科学、認知心理学、人類学、進化生物学などである。

自然科学領域の研究を社会学の研究に生かしている例としては、日本の社会学者では、真木悠介こと見田宗介の『自我の起原―愛とエゴイズムの動物社会学』(真木 1993) がそれにあたるであろう。真木の議論はドーキンスやトリバースら、動物行動学や進化生物学などの研究に依拠しながら、独自の自我の比較社会学を展開している。またジョナサン・ターナーが『感情の起源――自律と連帯の緊張関係』(Turner 2000=2007) および『社会という檻――人間性と社会進化』(Turner 1992=2009) のなかで主張するのは、人間は捕食から身を守るために集団を作り社会を組織するとき最大限に利用したのが感情であったということである。ランドル・コリンズは『コンフリクト社会学』(Conflict Sociology, Collins 1975) において、不平等な人間関係がどのように形成され、階層意識がなぜ発達するかを説明する際に生物学的背景から階層秩序の生成・維持にかかわる感情喚起システムの存在を指摘している。本書ではこれらに倣い、領域を越境しながら考察を進めていく。

第１章　記憶の連続性と自己
―自己の物語的視点から

「記憶が喪われゆくとき自己はどのように他者との関係性を保って社会のなかに存在しつづけることができるのか」という第一の問いに関連して、本章においては、記憶の連続性があるということ、あるいはないということが他者との関係性を維持するうえで、また社会の中で存在するうえでどのような意味を持つのかを問う。このためにコルサコフ症候群(3)という、ある一定の時期から後の記憶を失くした、また新しいことを記憶できないという障害をもつ人とそれを取り巻く人々との相互作用を題材とする。

第１節　記憶のない世界の人

1. コルサコフ症候群の吉永さん

ショックでした。しおさい（通所しているデイケア）から帰ってくるなり「あんた、毎日、来てもろうて御苦労さん。明日からは、もうええけえ、帰ってください」。何の言葉も出ませんでした。しばらくして、「私は誰でしょう？」と言いますと、「さあ、わかりませんが……。お前は明子か？」と聞かれ、「ピンポン。当たりです。」「あー、そうか。」

ショックです。いつか主人でなく、私も誰が誰かわからなくなる日が来ると思うと……。

これは吉永さんの妻、明子さんの重度認知症デイケアのスタッフとのある日の連絡ノートに記されたものである。吉永さんは長年の飲酒のためウェルニッケ脳症を引き起こし、コルサコフ症候群へと移行した[4]。そのため、逆向性健忘（発症から一定期間前までのことが思い出せない）と前向性健忘（発症以降の新しいことが覚えられない）という想起と記銘の障害を持つ。「思い出せない」「覚えられない」ということに関しては認知症と同じなわけで、吉永さんもまだ50代ながら、高齢者とともに認知症デイケアに通ってきている。以前はスポーツマンで多趣味だったが、著しい意欲の低下が認められた。私はこのデイケアの作業療法士で、また吉永さんの担当者でもあった。吉永さんの記憶の揺らぎは激しく、妻を認識できている日もあるのだが、ともすると「自分は独身で、妻はいません」と言ったり、成人して同居している息子のことを「まだ小学生のはず」と言ったりする。この日は妻を、家にきているお手伝いさんと思ったらしい。吉永さんはその後も時々、妻をお手伝いさんと思い込んで、引出しを開けている妻を見て「人の家の引出しを勝手に開けるのは泥棒だよ」と注意したりしている。

ノートの中で妻はふたつのショックを語っている。最初の「ショックでした」は、夫が自分という存在を忘れてしまうことを、そして二番目の「ショックです」は、自分自身も同じように自分の大切な人を忘れてしまうようになるかもしれないことを、である。ふたつのショックが語るように記憶を失うということは他者との関係性の問題であり、また自己の同一性についての問題である。

コルサコフ症候群の吉永さんの過去はある時点で途切れ、現在と接続しておらず「今を生きる」人になっている。しかしその「今」の記憶もすぐに消えていき、彼は時空間のなかで迷子になる。そして妻や子ども、スタッフに何度も何度も繰り返し同じことを問い続ける。何度も呼びとめられて同じことを繰り返さなければいけない状況は、家族や私たちスタッフを苛立たせた。彼の疾患について理解はしていても、苛立ちはちょっとした表情や一呼吸おいた対応といった態度に表れ、それがまた彼を苛立たせた。何もやる気を起こさず、人生を放棄したかのような吉永さんだったが、まだ50代で、これから先の人生を、ただ確認を繰り返しながら時間のなかを漂うように生きていくということは想像を絶するような経験であるように思えた。とにかく今より少しでもよい状態になることを求め、ミーティングを重ね、考えられることは何でもやってみた。出口は見えなかったが、何かしないではいられなかった。私たちは吉永さんの残っている能力や期待できそうな面にかけることにした。

２．吉永さんとデイケア

吉永さんの通うデイケアしおさいは、中国地方にある、その地方では中核的な精神科をメインとする病院の中にあった。認知症デイケアの他にも精神科デイケアや訪問看護ステーションなどが併設されている。このデイケアしおさいは訪問看護ステーションとともに、病院の西のはずれ、丘の中腹にあった。その上にはまた畑もあり、丘の道沿いは桜並木である。道は山の斜面に沿って細く、車はすれ違えない。下から来た車はデイケアの玄関前のスペースに退避して降りてくる車に道を譲る。その道の少し上には左手に高校が、そして登りきると頂上は火葬施設となっていた。それは海に面してガラス面を大きくとった開放的な建物で、眼下には海が広がっている。デイケアのデイルームからは、毎日のように霊柩車が坂を登ったり、そして何時間かすると降りていくのが見えた。それを一日に何回も目にする日もある。しかしデイケアに通う老人たちは、眉をひそめたり不吉がる様子もなく、「そのうち、うちらもああやって行くんだね」「そうそう、順番だね」と和やかに笑い合っている。

2003年４月１日、私はこのデイケアに移動してきた。それまでの勤務場所だった精神科病棟や作業療法棟とよばれる賑やかな場所からは隔絶されたような場所に少し寂しさを感じながらも、むしろ比較的自由に新しいことにチャレンジできそうな期待の方が大きかった。デイケアの通所者は、１日20人前後で、女性の比率が高く、５つの島になったテーブルでおしゃべりが弾む。だが、男性のテーブルはひとつだけで、曜日によるが３～５人でひっそりしていた。スタッフは作業療法士と精神保健福祉士がそれぞれ１名と看護師が３名、それに介護職員が２名勤務していた。通所者は家族送迎の人もいるが、ほとんどはデイケアの送迎の車に乗り合わせる。３方面に分かれた送迎車が帰って来るとバイタルチェック(5)が行われ、スタッフのミーティングがすむと円形に並べられた椅子に移動して、朝の会が始まる。「○○町からきました△△です」といった自己紹介を一人ずつして、日付の確認や新聞のニュースの紹介や季節の話題などをする。リアリティ・オリエンテーションとして日にちや季節、場所などの見当識を引きだすものだが、それが終わると今度は、体操、日替わりで様々な身体を使ったゲームを行う。たとえば統合失調の患者さんたちの運動会やスポーツ大会での機敏さが日常の生活の様子からは想像できないように、高齢者たちの風船バレーやシーツバスケットなどの競技に集中しているときの敏捷さは、見学している家族などがいると必ず驚かれる。デイケアに通うということは体操やゲームのような身体活動だけでなく、たとえばその場所まで歩いて移動するといったことも運動になり、廃用性症候群(6)の防止になると考えられている。そのように午前中は、集団での活動を中心にプログラムが組まれていた。朝の会も話題によってはかなり盛り上がり、身体活動で風船バレーなどが行われると、笑い声と熱気があふれる。

そんな中で一人、孤立していたのが吉永さんだった。吉永さんは、プログラムの途中で何度もトイレに立ち、トイレから戻ると元の椅子には戻らずにデイルームの昼寝のための畳スペースに向かい、横になって寝ようとする。スタッフがそのたびに声をかけて、輪の中に引き戻そうとする。

吉永さんはそれより約１カ月前、3月の初旬より、内科病棟から退院してそのままデイケアしおさいに通い始めたのだった。吉永さんは長年の飲酒のためウェルニッケ脳症を引き起こし倒れてしばらく意識不明の状態が続いた。一時は生死の境をさまよったが歩けるほどに回復した。しかし記憶障害は激しく、コルサコフ症候群であることが確認された。記憶の障害だけではなく、意欲の減退が目立ち、何をやる気も起こさず、デイケアに来ても昼食やおやつをとる以外、プログラム参加をきっぱりと拒否し、寝ていることが多かった。後遺症として下肢の知覚異常もあり、「足がジンジンするからやりません」とプログラムへの不参加の理由にしていた。しかし昼食はほとんど残さずに食べている。食べるのは非常に早い。そして食べ終わるとすぐ横になり、かなり深く寝入ってしまい、午後はそのままプログラムには参加せずに過ごす。寝ていないときは、何度も「何時に帰れるのか」「どうやって帰るのか」を確認する。スタッフはなんとかして起こしてプログラムに導入しようとするのだが、「足が痛い」と拒否にあう。高齢者の中にいることに違和感を持っているようで「ここは自分のいる場所ではない」、「ここに来る理由が理解できない」、「こんなことしてられない、仕事がある」と苛立つ。スタッフは、その都度、アルコールを飲み続けて倒れ入院したこと、物忘れも足の痛みもその後遺症で、ここでリハビリをしていることを順を追って説明するが、納得できている様子もない。しかしデイケアには休まずに毎日通ってきている。吉永さん自身、飲酒していたことは屈託なく話し、自責の念も示さない。やせて長身の吉永さんの肩にはフケがたまり髪もぼさぼさに伸びている。家でも同様に寝てばかりで妻を途方にくれさせている。

吉永さんの妻は吉永さんより少し年上だが、若々しくみえた。小柄で華奢な妻が大柄な吉永さんをかいがいしく世話するのは微笑ましくもあったが、大変そうであった。二人はアルコール依存の夫婦にありがちな共依存関係にあるとも考えられた。夫は外面はよく、やさしいが家庭では妻に依存し、妻も「お酒を飲んでいれば機嫌がいいから」と夫の飲酒を止めることなく過ごしてきた経緯がある。妻は夫の小さな変化をとらえては「夫はデイケアに通い始めてから顔つきが変わった、目がしっかりしてきました」と言い、家族会に出てもっとたいへんな家族を知り、自分のほうがまし、と前向きに解釈しては介護のエネルギーを調達しようとしている。しかし先の見えない夫の様子にある日の連絡帳には「やはり何もかも私が手を出してしなければだめなのかも」と、共依存的な語りが垣間見える。

私自身、コルサコフ症候群の人を担当するのははじめてだったし、リハビリテーションの事例報告などを探したのだが、参考にできそうなものをみつけることができず、また本人の協力も望めないままに時間が過ぎてゆき、先が見えない不安と焦りのなかにいた。

3. お手伝いさんになった妻

プログラムにも無関心で臥床がち、帰宅要求や確認を繰り返す吉永さんの存在は、スタッフだけでなくデイケアメンバーにとってもストレスの種となっていった。プログラムの途中で唐突に「いま何時？」「いつ帰れる？」と確認を繰り返す吉永さんに、女性メンバーは仲間うちで、「うるさいねえ」「同じことを何度も何度も」と怒りを含んで言いあっている。少数派の男性メンバーの中で認知症がかなり進行した田崎さんや脇田さんは、あまり気にする様子もないが、脳血管性で物忘れよりもうつ的な傾向が強く、最近ようやく活動性のあがってきた北村さんなどは、取り組んでいる作業に集中できないと、スタッフを呼んでひそひそと苦情を言っている。

吉永さんはデイケアにいる間、「なぜ自分はここにいるのか？」「何時に帰れるのか？」をスタッフに繰り返し尋ね続けた。私たちはその度に説明する。状況に応じて、経緯から詳しく説明することもあれば要点だけのときもあった。しかし問いかけは続き、不安や苛立ちが激しいときには５分もおかずに聞いてくる。苛立ちを覚えながらも表面上はそれを出すことは許されず、結果的に心を空にして応答することもあった。吉永さんの苛立ちは私たちの苛立ちとも重なった。ある時、朝のバイタルチェックの忙しい時間帯に何度も呼びとめられた看護師が「３時に家に送ります」と書いたメモを彼に手渡した。吉永さんはしばらくそのメモをじっと見ていたが、黙って引き裂いてしまった。そのときの光景は凍ったように記憶に焼きついた。「あれはやっぱりよくなかったよね」「交代しながら対応しよう」。バイタルチェックの後のミーティングで確認しあう。こうした小さなトラブルは、私たちのなかに、いつも小さな棘のように痛みとなって残った。

家庭内でも吉永さんは同じだった。受容的な妻と子供に囲まれていたが、子供も時によっては「お父さん、同じことばっかり繰り返して、もうノイローゼになりそう！」と悲鳴をあげることもあった。妻も度々、同じ事を繰り返し説明する苦痛を連絡帳に書いてきた。

> 朝から変な事を言います。子供がおらん、どこに行ったか。28歳と26歳の子供が、学生の頃から主人の中では成長してなくて、現在の子どもはよその子にみえるらしく、何度も何度も説明してる間に、めんどくさくなってきました。そしたら、私まで“お前は誰だ？”カチンときて“うるさい!”と言ってしまいました。

吉永さんの過去はある時点でとぎれ、現在と接続しておらず、吉永さんは今、この時を生きている。彼らの世界では時間が流れていかない。吉永さんは妻に「頭がフラフラする。いろいろ考えると頭がおかしくなりそうだけぇ、考えんようにしようと思うんだが、いろいろ考えてしまう」と訴えることもあった。自己を時間の流れの中に定位できず、自己の存在の確かさを確信できない不安の中にいるのだった。

吉永さんの時は20年前で止まり、年をとった妻を認識できず、しばしばお手伝いさんと勘違いする。ある日、またお手伝いさんと思い込んで話しかけた夫に妻はこんな反応をした。

> 朝から変なことばかり言います。“自分はひとりでどうやって生活しようか”とか、“奥さんも子供もいないし、どうしようか、あんた明日も来てくれるかね”、と私に言います。“はい、明日も来ましょう”と言いますと、“あー、よかった、安心した”と言って寝ました。

妻はそのとき、とっさに（説明を繰り返す面倒さも手伝っていたかもしれないが）夫の世界に巻き込まれてみた。記憶のない彼の世界をそのまま受容し即興的に“お手伝いさん”として振る舞った妻の言葉は彼を安心させたのである。このことは重要な視点の転換を私たちにもたらす。私たちは記憶のある世界を所与のものとして、私たちの「記憶」を記憶のないの世界に生きている彼に与えようとする。その「記憶」は記憶のある世界で相互行為を継続していくには必須の資源だ。しかしその「記憶」は彼を混乱させる。時が止まった世界にいる彼にしてみれば自分はまだ若いのになぜ老人だらけの場所に送り込まれ、老人と一緒に活動に参加するように指示されるのかわからない。私たちの相互行為は記憶のない彼を記憶のあるこちらの世界に無理やり引きずり込もうとするのにも等しかったのだ。その抵抗が、度重なる質問と、「やりません」「関心ありません」といったこちらからの働きかけへの拒絶の態度となって表れる。

このように「記憶のない世界」からみると、先に記したスタッフと吉永さんとの軋轢は、「記憶のある世界」が吉永さんに一方的に「記憶のある世界」で相互行為を行うのに必要な記憶を（それも一片の紙に書いて与えるという乱暴さで）押しつけていた、そのことの暴力性に対する吉永さんの抵抗を示す象徴的な出来事だったのではないかと解釈できる。あるいはこうとも解釈できる。吉永さんは不安と苛立ちのなかで私たちとの接触を求めていたのであり、それを私たちが拒絶してしまった。そのことに吉永さんが怒った。

しかし現実の世界での相互行為は流動的である。次の会話は吉永さんと妻に息子が加わった場面で、妻がお手伝いさんと間違えられるエピソードの続きである。

> おかしかったのは、私がお通夜に行っている間、子どもに“今日は、あのお手伝いさんがおらん。今日は来てくれんらしい”と言って“早うご飯食べよう”

と夕食が待ち切れなかったみたいです。子供は“お母さん、お手伝いになっとるよ”と笑ってました。この前は“あんたに払うお金が無いから帰ってください”と言われた事を言うと、息子はゲラゲラ笑ってました。“父さん、一人で何にも出来んのに、お母さんをお手伝いさんとまちがえたらかわいそうだぁね”と主人に言ってました。主婦はお手伝いさんと変わらんのだと思いながら、笑えるうちはいいじゃないのと思います。

ここでは前の例の記憶のない世界に合わせた妻の反応とは一転して、息子を中心に記憶のある世界に足場をおいたやり取り交わされ、吉永さんの誤認は非難される。しかしそこには前出のスタッフと吉永さんの間にあったような緊張はない。ふたつの世界の境界線が融解したような和やかさが、この描写から読み取れる。吉永さんの世界に合わせることは彼を安心させた。しかし記憶のある世界でもその成員として認知されるためには、現実的なやり取りもまた必要となってくる。妻が記憶のない夫の立場に立ってみる、息子が母親の立場にたつ。夫婦という二者関係だけでない、もう一人の立場があることで家族介護は心理的にかなり楽になる部分がある。

デイケアでは複数のスタッフがいるので、交代しながらの対応が可能である。しかしそれにしても吉永さんにかなり時間とエネルギーを取られてしまっているのも確かで、職業意識の下に覆い隠されてはいたが、スタッフの間にも吉永さんへのネガティブな感情が蓄積されていた。吉永さんは確認を繰り返すだけではなく、ときどき傍若無人に「帰りたいのぅ！」と声をあげ、周囲の高齢者たちを驚かせたり苛立たせたりしていた。２か月が経とうとしているのに、一向にデイケアへ馴染もうとせず、プログラム参加を拒否し続ける吉永さんに対する主治医を含めたミーティングが持たれ、チームアプローチが開始された。吉永さんに関する家族や本人からの情報収集を経て総合的なアセスメントを行い、目標を決定してアプローチの方法などを決めるのである[7]。

4. 意味のあることが必要なのです

ミーティングの後、家族を含め本人にもその生活史や困っていること、今後どうなっていきたいか、などを聞いていった。吉永さんは子供のころからずっとサッカーが得意で、就職してからも審判員をやるなど積極的に関わってきた。生活史についてはスポーツの話題を中心に滑らかに語るのだが、それについての感情的部分や家族への思いは口にしない。困っていることについては、「足が痛いこと」であり、趣味については「何もない」と語り、将来どうなっていきたいかについても、「別にどうなりたいとかありません。寝ていたい」と投げやりな態度を示す。

意欲はなく、しかしプライドは高く保たれ老人たちに交わろうともせず、ただ「なぜここにいるのか？」「何時に帰れるか？」「帰りたい」を繰り返す吉永さんに私たちは彼が興味を持ちそうな活動をあれこれと試してみた。レクリエーションやゲームは一時的に彼の興味を引いたが、その場だけであった。その結果わかったことは、「老人」を意識させるような集団活動を嫌い、「技術」を意識させるような個人的活動なら行う可能性があることであった。数々の活動を提示したなかで唯一彼の興味を引いたのが“スキルスクリーン”であった。これは図案に従って色のついた玉を糸に通して作る玉のれんである。様々な色の玉を図案に従って配列することでグラデーションをもった複雑な模様が出現し、少し遠くからみると絵画のようにみえる。正直なところ、もともとスポーツマンで男性性を強調してきた感のある吉永さんが、細々した女性的イメージの手芸に分類されるような作業に興味を示すとは思っていなかった。しかし意外にも彼は針を持った。図案に従って玉を数えることは困難なのでスタッフが数えて分け、順番に通せばいいようにセッティングしておいた。

〈1回目〉最初は「そんな難しいことはやりません」と言うが、黙々と通し始める。あっという間に1本通し終え、「簡単でした」と言う。カタログを見せて「お孫さんにプレゼントしては？」というと「そりゃあ喜ぶと思いますが、私にはできません」と言う。
〈２回目〉玉を通すスピードは早い。１本を通し終えると「次、やってみましょう」と意欲がわいた様子で３本作る。
〈３回目〉取りかかりはスムーズで作業行程の確認もしている。
〈４回目〉鼻歌が出たり、スタッフに話題をふるなどの余裕もある。
〈５回目〉「昨日やった。やってみましょう」と意欲的。３本をあっという間に仕上げる。
〈６回目〉七夕の日。七夕の短冊に願い事を書くのは「絶対にやりません！」と強い拒否。かわりにスキルスクリーンを持っていくとスムーズに取りかかり、集中して２連続けて行う。30分集中して行うことが出来た。
　この間、妻にもこの様子をその都度、伝えていた。妻は連絡帳に書く。

> （スタッフが連絡帳を返し忘れたため）連絡帳が一日なくて、ちょっと寂しかったです。いつも読むのを楽しみにしています。主人の知らない面をたくさん知ることができてうれしいです。スキルスクリーンを作っている主人を想像するだけで笑いがこみあげてきます。

　こうした針を持っての作業など、それまでの夫の姿からして妻にとっても意外なものであったのだろう。

> 「今日、何をしたかわからんのだが、自分は毎日何をしとるんだろうか？」と聞くので「針を持って何か作ってるんじゃあないの？」と。主人が針を持って器用にしている……全く想像がつきません。出来上がった作品を楽しみにしています。

　作業の間は、針と玉とに彼の意識は集中した。毎日１本、２本と通していく度に、全体図としての模様が徐々に表れていく。吉永さんの時間は、彼の外側では寸断されて連続性を持たない。しかし作業に集中している時、彼の内部の時間はまとまりをもち、連続性を保っているようにみえた。彼の集中は10分から15分、30分と長くなっていった。私たちはその時間が長くなるのを喜んだ。だが彼自身の内部的時間にしてみれば、そのような外部的時間はまったく関係ないものだったであろう。

こうしてばらばらになろうとする彼の時間をつなぎ合わせるようにして作品は完成した。青空と雲と虹をバックに海面を跳ねる2頭のイルカが描き出されていた。

彼はこの間、退職勧奨を受けて正式に退職することになるのだが、家に訪ねてきた上司にこの第一号の作品を誇らしげに紹介し、「簡単そうに見えるけど、結構たいへんなんですよ」と話したという。妻は「これは私たち家族にとって記念の品になりました」と語った。

これを契機に妻や妻の父などの要請もあって第二、第三の作品を彼は作り続けた。あるとき、作業の合間に彼は「私にはこのような意味のあることが必要なのです」とぽつりと語った。その言葉は私の胸に響いた。それまで表層的にしか生きていないと思った人が、意味を求めていたこと、そして自ら積極的にそれを見出そうとしていたことに驚いたのである。私には結局、彼の表層しか見えていなかったのである。

ひとつの絵となった作品は、孫のための贈り物となった。その作品は、ずっとこの時間、そこにいてこれを作ることに従事していたのだと、彼に意味を与えながら存在していた。その後、彼は少しずつ落着きをみせるようになった。

5. 感情と記憶の連関

同じコルサコフ症候群のジミーの例が神経科医であるオリバー・サックス(8)の著書に紹介されている。彼もまた、どんな活動をやっても上っ面だけの行為にすぎず、意味を持たない現状に、ただ張り付いて暮らしているようであった。しかしサックスが教会の中でみた彼は、聖体拝領のため、ひざまずき聖餅を舌に乗せていた。「健忘や記憶の不連続がいったいどうだというのか？いまや彼は、あるひとつの行為に全存在をかたむけ、それに没頭していた。ものに感情と意味を与えるところの有機的な統一が、すき間ひとつ割れ目ひとつない連続が、そこに達成されていた。明らかにジミーは、ひたむきな精神集中の行為のなかに自己を見いだし、連続性とリアリティ（実体）とをとりもどしたのである」(Sacks 1985=1992：81)。

外部的、物理的な時間は彼らにとっては寸断されているものの、内部的で主観的な、集中し没頭している時間、ベルクソンがいう「純粋持続」では連続性を保つことができるのである。コルサコフ症候群の人々は記憶の不連続性の中で自己を見失っている。しかし集中し没頭できるような、その人にとって意味のあることをみつけることができたならば、外部的時間とは異なった内部的時間の中でその人は連続性を持つことができるのである。

こうした没入の状態をチクセントミハイは「フロー」という概念で表現した。フローとは「一つの活動に深く没入しているので他の何ものも問題とならなくなる状態」(Csikszentmihalyi 1990=1996: 5) と定義されている。チクセントミハイは、「自分は不可知の力によってもてあそばれているのではなく、自分が自分の行為を統制し、自分自身の運命を支配しているという感じを経験する時はだれにもある。まれにそれが生じると我々の気分は高揚し、長いこと待ち望んでいた深い楽しさの感覚が生じ、その感覚は生活のあるべき姿を示す道標として記憶に残るのである」(Csikszentmihalyi 1990=1996: 3) と述べている。作業療法 (occupational therapy) の occupy は、何かに心を奪われている様子、専心している様をいうのであり、まさにこのような状態を指すのである。

「不可知の力によってもてあそばれている感じ」、とは吉永さんが常に感じていることであろう。しかしこの作業に没頭しているときには「自分自身の運命を支配しているという感じ」を経験できているのではないか。そこで彼は気分の高揚、楽しさの感覚を感じ、それが記憶に残っていったのだろうか。彼はそうした感情を語ろうとはしなかった。しかし確かに吉永さんには、この作業についての記憶が少しずつ定着していったようである。

感情の高揚がエピソード記憶を強化することも知られている。感動的な場面や恐怖を感じた場面は強く記憶に残る。ラットを用いた実験では学習した直後にアドレナリンを注射すると、学習の記憶が高まることから、ある状況下にアドレナリンが放出されると、その経験は強く記憶されることが示唆されている。感情が高揚したり恐怖にあったりすると通常、アドレナリンが放出されるので、エピソード記憶は強化されると考えられる。とくに恐怖は生命にかかわる感情であるので、記憶として残りやすい(9)。

6. 夫婦の関係性の変化

この間、夫婦関係にも変化が現れる。二人は初めて夫婦として向き合うようになっていた。まず、病いを得るまでは示したことのなかった妻への気遣いや感謝の言葉がみられはじめる。ある日の連絡帳に妻はこう記している。

> 風邪を引いたみたいで体がだるくて何もする気がしません。主人が「無理すんなよ」と言ってくれました。以前だとそんなことはなかったのに。うれしいです。

このように連絡帳には、少しずつ夫婦関係の変化の兆しが語られ始める。この頃、デイケアでは吉永さんは30分以上、スキルスクリーンに集中するようになっていた。デイケアでの日帰りのバス旅行について妻はこう記していた。

> (温泉施設で飾られていた面を見て）主人が「この面は○○さんの所の面だ」と教えてくれました。昔は外に出ると早く帰ってお酒が飲みたいのか「早く帰ろう」とせかされましたが、今日はそんなことはありませんでした。家に帰っ

てから「今日は久しぶりに△△に行って懐かしかった。お前はどうだった？」と聞かれ、びっくりしました。思いがけない会話ができて本当にうれしかったです。

妻ははじめてよりそい歩き、夫婦らしい会話ができた喜びを表現していた。

夕食の片付けをしていると「いつもしてくれてすまんのぉ。感謝しとるで。ありがとう」今までなら絶対こんなこと言わないのに……。

吉永さんは、それまで表現することのなかった素直な気持ちを妻に語るようになっていた。以前は家に帰ると妻に靴下まで脱がせてもらっていた吉永さんだが、自分から洗濯物たたみや洗い物などを始め、妻を驚かせる。しかし退職は吉永さんにとってかなりのショックとなり、退職金や今後の生活についての確認が激しくなった。しかし妻は意外にも動じず、不安から確認を繰り返す夫にうまく対処するようになっていた。妻は運転免許を取得すべく自動車教習所へも通い始めた。これはまた吉永さんに妻が自分から離れていくのではないかという不安をもたらし、またもや不安定にもなるが、妻は構わずに通い続けて免許を取得した。少し心の余裕のできた妻は「エステに行ってきたのよ」と笑顔で報告することもあった。

妻の連絡帳での語りは「共依存的語り」から「夫婦関係の再構築の語り」へ、そして「自分の人生を生きる語り」へと変化していた。妻ははじめて夫と夫婦として向き合うことで、夫とはまた別の自分自身の人生を生き始めることができたのである。私たちは連絡帳をとおして妻の語りを支えてきた。連絡帳は冊数を重ね、妻は「連絡帳は近くに置いていつでも読めるようにしてあるんです」と語っていた。夫の経過とともに物語を確かめつつ日々を歩んでいたのである。一方、連絡帳はスタッフにとっても支えであった。ともすれば吉永さんに対する感情はネガティブな方に傾きがちだったが、妻の思いに共感したり、吉永さんの家庭での少しズレたやり取りに笑ったり、妻への思いがけないやさしい言葉や態度を想像することで、デイケアでの頑なでわがままな吉永さんに対しても、許容の気持ちと親近感をもって接することができたのである。

ある時期以降の記憶を失い、そして現在のことも、これから起こることもすぐに忘れてしまうというコルサコフ症候群は、私たちの自己意識を脅かす恐ろしい病いであることに違いはない。しかし吉永さん夫婦が夫婦としての関係性を新しく築くきっかけになったことを考えれば、病いもネガティブな側面だけではないということに気づかされ、そこに救いのようなものを感じることができたのである。

第2節　身体化された記憶

この記憶の連続性が感じられるのは身体においてである。『死と身体』において内田樹は、19世紀から20世紀の初頭には運動性の記憶や運動性の知覚・伝達といったものはヨーロッパでは学問として成立していたが、「記憶を司るのは頭ではなく身体である。記憶は運動的なものである」というベルクソンやヴァレリーらの考え方が1920年代には一掃されてしまったことを述べている（内田 2004: 114-5）。しかし臨床のリアリティ、生きられた経験に基づくならば、そこには生きられた身体が確かに存在する。コルサコフ症候群の吉永さんの場合、エピソード記憶を積み重ねていけず、時間の流れのなかに自己を定位できないけれど、身体的記憶は障害されないために、彼自身が意味を見出した作業を継続できるのである。エピソード記憶による時系列に沿った自己物語を作り出すことができなくても、身体的記憶により目に見える形で作品を作り、自己の軌跡を残すことができる。記憶のなかではなく、目に見える形として自己の物語をその都度確認し、生きる意味を確かめることができるのである。まさに身体化された記憶が彼の生を支えていると言ってもよい。

認知症のリハビリテーションなど臨床的場面では、身体性の記憶が積極的に活用されている。その人が昔やっていたことをプログラムに取り入れるのである。例えば主婦であれば料理であったり、針仕事であったり、大工をしていた人ならばのこぎりをひき、釘を打って棚を作る、といった作業である。認知症のリハビリテーションでは「昔取った杵柄」を合い言葉に、その人の経歴から、昔の仕事や長くやってきたことを探り、その身体的記憶の再現を図る。言語性の記憶（陳述記憶）は失われていても、身体的な記憶（手続き記憶）は残されているからである。

一方、そうした認知症やコルサコフ症候群など、記憶に障害を抱えている場合だけでなく、私たちも日常、意識はしないものの身体化された記憶に深く依存しながら生活している。プルーストの『失われた時を求めて』のなかでは、不揃いな敷石につまずいたとたんに、遠い過去にヴェネツィアの寺院のタイルでつまずいた感覚、それとともにヴェネツィアの日々の記憶が一気によみがえるという場面がある。ある身体的構えをとることにより、身体化された記憶が瞬時に呼び覚まされた経験である。

心理学者のバートレットは、過去の出来事や経験を想起するとき、過去の類似した経験や反応がまとまって、ある種のアクティブに体制化した〈図式〉が身体内に作られるとする。たとえばバッターボックスに立つバッターは、そうした身体化された図式をもって打撃に臨むのである(Bartlett 1932=1983: 226: 45)。認知心理学において、記憶は脳の一部に痕跡として孤立して存在するものではなく、周囲の環境、本人の経歴、そして身体のなかに、様々なものにもたれかかるようにして存在しているという考え方がある。下條信輔はこの「もたれかかる」ありようそのものが、「記憶の唯一可能な在り方」であり、「何かのコンテンツ（内容）があって、それが環境や経歴にもたれかかるのではなく、もたれかかりそのものが記憶のコンテンツ」であるとも述べる（下條 1999: 83）。これは端的に言えば、「脳と身体と環境世界は密接にカップリングした一つのループだという考え方」[10]（下條 1999: 157）である。下條は「機械直しの名人」といわれるエンジニアの仕事が、一見でたらめにあちこち叩いたり触ったりするうちに、だんだん探索場所が狭まってきて故障個所を発見し修理する事例をあげ、こうした解決のヒントは外界に表現されており、エンジニアは身体をとおして長年培った解決法の数々を条件反射的に試みているのだとする。そして「脳内の記憶や認知スキルは「暗黙知」として世界のすみずみに大量に蓄えられており、エンジニアやアーティストは手足を動かすことを通じて、それを自然に読みだそうとする」のだとしている（下條 1999: 154）。このような認知、身体、環境をカップリングした記憶のとらえ方により、先のプルーストの敷石につまずくという身体的構えから記憶がひらけてくるという現象も説明されよう。

この認知心理学の記憶論における「環境」を「社会」や「文化」という言葉に置き換えるとするならば、ブルデューのハビトゥス概念とも繋がる部分がある。ブルデューは、レヴィ・ストロースの構造主義人類学の客観主義、およびシュッツからエスノメソドロジーに至る主観主義を批判し、人々の生活場面の日常的実践の理論モデルを提示した。ハビトゥス（habitus）の語源は同じくラテン語のハビトゥス（habitus）で身体の慣習化された条件、状態、外見を意味するとされる。

ブルデューはハビトゥスとは、「持続性をもち移調が可能な心的諸傾向のシステム」であり、「構造化する構造であると同時に構造化された構造」であるとしている（Bourdieu 1980=88: 83）。また福島はハビトゥスとは「身体が構成する認知・判断・行為の全体的なマトリックス」であり、「暗黙のうちに学習した身体がつくりだす全体的態勢」であると解説している（福島 1993: 149）。それはまた、「規則に適った即興によって持続的に組み立てられる産出原理」（Bourdieu 1980=1988: 78）として環境に応じた即興性を主張しているが、一方、それは身体に組み込まれた傾向性によって制限されているものととらえられている[11]。ブルデューはハビトゥスの身体化について、以下のように述べている。

> 身体によって学ばれるものは、人が自由にできる知のように所有する何ものかではなくて、人格と一体になった何ものかである。このことは無文字社会の中で特に見られる。そこでは伝承知は身体化された状態でのみ生きつづけることができるからである。知はそれを運ぶ身体からは決して分離されず、特別に知を呼び起こす一種の身体訓練(ジムナステイク)による以外には再構成できない。……身体はそれが再生産するあらゆる知識とたえず入り混じっており、これらの知識は、書き物の中で客観化が与える客観性も、客観化が保証する身体からの自由も決して持ちはしない。(Bourdieu 1980=1988: 117-8)

これはノラが『記憶の場』において、真の記憶は「こんにちでは動作や習慣のなかに、ことばでは伝えられない技のなかに、身体の知識のなかに、刷り込まれた記憶のなかに、そして本能的な知識のなかに潜んでいる」(Nora 1984=2002: 38) とし、「そのような動作では、行為と意味とが肉体のなかで一致している」(Nora 1984=2002: 31) とするものとつながっている。身体化された記憶は、やがてハビトゥスの一部となり、伝承されてゆく。それがノラの言う“真の記憶”であろう。ベンヤミンは、儀式や祝祭をともなう礼拝は、こうした無意志的記憶と集合的記憶を繰り返し新たに融合させるものであり、礼拝はある決まったときにおいて想起を誘発して、生涯にわたって想起のきっかけとなるものであったことを述べている(Benjamin 1939＝1995)。コナトンも、記念式典などにおける儀礼などの身体化された記憶を再現することで社会の記憶が伝達され維持されることを述べている (Connerton 1989=2011)。

そのような「身体化された記憶」は、日本においても、いまだ農村に生きる高齢者たちには潜勢的な形で残されている。彼らは認知症になり物忘れが始まっていても、生活の場面では気づかれにくく、農作業の場面では変わらず家族のなかの働き手の一人であったりする。農業を中心に林業、養蚕、土木業など彼らの労働は生きるための切実な手段であると同時に実践をもって学ばれ身体化され、それはまた彼ら自身の生き方ともなって、

「人格と一体になった」ハビトゥスの根幹となったものである[12]。

こうした「身体化された記憶」は、身体に刷り込まれ、過去から現在へと連続していく記憶であり、人間が生きていくという現実において考慮の対象外にすることはできない重要な意味と機能をもった記憶なのである。

第３節　物語論と脳科学

１．物語メーカーとしての脳

「物語論」は、社会学以外にも物語療法にみるような臨床心理学や、文学、歴史学、文化人類学、哲学、認知心理学など、様々な分野でその文脈も重なりながら、ずれながら論じられてきている。脳科学においても脳の物語機能が論じられている。吉永さんたちのような脳のある部分に障害をもつ人々が、脳の物語作成機能を表示してくれるのである。

これまでみてきたように記憶が持続しないコルサコフ症候群の人々は、物語を構造化することができず、ある一定の時点以降の自己物語を未来に向かっても作り出すことができない。記憶こそが自己物語の資源である。しかし私たちは記憶の在庫がなくとも、なんとかして物語を作り出そうとするもののようである。コルサコフ症候群の特徴的症状のひとつとされる作話がそれである。神経科医オリバー・サックスの『妻を帽子とまちがえた男』(Sacks 1985=1992) のなかの患者、トンプソン氏の例を引用する。トンプソン氏は目に映ったものにより物語を作り出していく。彼は以前、食料品店を経営していたが、今は重度のコルサコフ症候群となって神経病院にいる。

> 「今日は何にしますか？」彼は両手をもみながら言った。「バージニアハム半ポンドですか、それともノバハムのスライスにしますか？」
>
> (明らかに彼は私をお客だと思っていた。それまでも、たびたび病院の電話

に出ては「はい、トンプソン・デリカテッセンです」などと答えていた）。

「おやトンプソンさん、私を誰だと思ってるんですか？」

「なんてことだ。光の具合が悪いんでね。お客さんかと思ってしまった。昔なじみのトム・ピトキンズじゃないか」

（そばにいた看護婦にむかって小声で）

「トムとはいつも競馬に行ってたんだ」(Sacks 1985=1992: 196-8)

彼はサックスを次々と肉屋、整備工、ガソリンスタンドの店員と間違えていく。いつもこの調子で打てば響くようなす早さで滑稽に、ときには秀逸に、即座に話をつくりあげた。一見筋のとおった話に聞こえるが、すべて作話[(13)]であり、この疾患の特徴の一つである。彼らはなぜ作話するのか。

サックスは説明する。連続する過去から私たちは「物語」を作り、それを生きる。そこから私たち自身のアイデンティティが生じる。アイデンティティ保持のためには自分の物語をなんとしてでも所有する必要がある。連続する過去を持ちえない人々は、常に即興的に自分の物語やまわりの世界を作り上げていかなければ、アイデンティティが維持できず「自分」は見失われてしまう。そのため、絶えず消え去っていく世界に必死に自分で意味を作りださなければならないのである (Sacks 1985=1992: 200-1)。

一方、脳科学は、コルサコフ症候群の患者が手当たり次第にストーリーを紡ぎだすということに対して、また異なった説明を与える。『つぎはぎだらけの脳と心』(Linden 2007=2009) で、脳神経科学者リンデンは、コルサコフ症候群の患者は自己の体面を保つために作話をするのではなく、つまり自分の意志で行っているのではなく、脳が勝手に物語を作っているのだという。どういうことか。

リンデンによると、脳は進化の過程で首尾一貫した破綻のない物語を作るように適応してきたのだという。人間は各感覚器で外界の状況をありのままに写し取っていると思っているが、感覚器から脳に送られてくる感覚情報を脳が「編集」して、足りない部分は埋め合わせて一貫した「物語」にしているという。例えば人間は、物を見る際に目がせわしなくあちこちに動きあちこちに視線を移す「サッケード」という現象を起こしている。視点が動き回っているにもかかわらず映像がぎくしゃくせず物の映像が普通に見えるのは、脳が、細切れの映像を編集したり情報の埋め合わせをしたりして編集作業を行っているからであり、途切れなくスムーズに見えているものは実際には脳が作り出した「物語」であるという。これはクロノスタシスと呼ばれるが、視覚だけでなく、感覚一般に広く見られる現象である。「そのまま情報を受け取っていては混乱が生じそうな時、脳は情報をシャットアウトする。そこで生じた空白を、後から得た情報で埋めるのだ。この機能により、脳は私たちに首尾一貫した、意味のある物語を見せることができる」(Linden 2007=2009: 130)。

こうした脳の「物語作り」は、サッケードのような低次の感覚情報の操作だけでなく、高いレベルの知覚や認知でも行われているという。記憶を蓄積できないコルサコフ症候群の患者が首尾一貫した詳細な物語を創りあげるのは、決して患者が自分の意思によってしていることではなく、脳が勝手にしていることだという。

2．ステレオタイプな物語への反発

脳の中でも、左脳に物語作成機能があり、勝手に物語を作っていることまでが、分離脳の手術（脳の左半球と右半球をつなぐ軸索を切断）を受けた患者の観察などで分かってきている。分離脳というのは、てんかんの重篤な発作を抑えるために左右の脳をつなぐ脳梁と前交連を切断された状態をいう。左右の大脳皮質のコミュニケーションが断たれるが、左右の機能自体は保たれるし、手術を受けた人に会っても変わったところを気づくことはなく、普通に社会生活を送れる。しかし、ガザニガたちが分離脳の人に行った実験で、左脳の物語作成機能が確認されたのである。左脳は通常、抽象的思考、言語、算術演算などを受け持ち、右脳は空間把握、幾何、顔の識別、音楽、表情から感情を読み取るなどの機能を分担している。ガザニガらの実験では、特殊なスクリーンで左脳にニワトリの爪の画像を送り（視界の右側にニワトリの爪を映す。脳内では視界の左右が逆転）、右脳に雪の積もった冬の画像が送られるようにする。すると被験者に見ている画像に合うカードを手にとるように指示すると、右脳に制御される左手は雪の連想でショベルの描いてあるカードを手にし、左脳に制御される右手ではニワトリの描かれたカードを手にする。これは脳の左右それぞれが適切な連想をしていることを意味する。しかし被験者になぜそのカードを選んだかを説明させると、その答えは左脳から返ってくる。話ができるのは言語を担当する左脳のみだからである。右脳には話ができないのだ(14)。そこで左脳の答えは「簡単ですよ。ニワトリの爪が見えたからニワトリを選びました。ショベルはニワトリ小屋の掃除に使いますね」と答える。話をしている左脳には右脳が見ている冬の景色は見えていない。しかしショベルを選んでいる。左脳は辻褄を合せるために物語を作る。ガザニガが指摘するのは、患者は全く嘘を言っているつもりもなく困惑さえもしていないことである。左脳は、まったく無意識のうちに物語をこしらえて、起こった混乱や秩序の乱れを収拾してしまうのである (Gazzaniga 2008=2010)。認知心理学者の下條は、「ヒトには元来、秩序や因果を発見しようとする強い認知傾向がある」とし、「本来意味やつながりがないとわかっているランダムな出来事や事象にも、意味や因果、あるいは法則を見出そうとする」とし、これが「非常に根強い、ヒトの本質的な性向」であることを述べている（下條 1999: 51）。

物語というのは、枠組みであり、フォーマットであり、バージョンの異なった筋書きを持つ容器であるともいえる。私たちは刻々と入力される情報をなんとか効果的に記憶するためにこの物語という型を使う。情報を切り捨てたり、圧縮したり、編集したりする機能と型がなければ、端的に私たちは壊れてしまう。ボルヘスの小説「記憶の人フネス」の完璧な記憶力をもつフネスの孤独と苦悩を思えばよい。私たちは人の話を聞いているときも、この物語という枠組みに沿うように適当に切ったり編集したりして記憶しているのである。小説やドラマの主人公の物語をお手本にしたり、あの人だったらこんなときどうするかを考え、それに倣おうとしたりする。共同体や組織ごとに、成員が共有すると期待される物語の型があり、それに沿っている限りは逸脱を免れ、社会も秩序を持ち安定性を保つことができる。いわば物語作成機能や物語の型は、私たちを混乱と無秩序から救い、秩序化と安定化へ向けるべく進化の過程で備わったものとみることもできよう。

しかし効率化、秩序化、安定化を望む脳は、ステレオタイプな物語を供給しようとするが、人間の知性はそれに反発もする。私たちは日々の生活のなかで、自分は安易な物語に流されているのではないか、と自省することがある。あるいは悶々と反問した挙句、物語の筋書きに流されることを選択したりする。私たちの内面ではこうした抵抗と従順が日々、繰り返されていく。既成の物語から離れて、苦痛を伴いながらも自分自身のオリジナルな物語を作り上げていこうとするのは人間の自我の表れともいえる。

3. 物語と自己

脳科学は秩序と安定化のための脳の物語作りを提示した。哲学からもこれに重なる見解がある。哲学者中村雄二郎は、作家ムージルの『特性のない男』(1978＝1993) の主人公の言葉を引用しながら、そのなかに物語についての重要な指摘があると述べている。

> いわく《単純なものを夢想する人間のあこがれる現実の人生の法則は、物語の秩序の法則》なのではあるまいか。それは、ひとが《それが起きたとき、これが生じた》と言えるようなところに成立する単純な法則である。われわれの心を静めてくれるのは、このような物事の単純な順序であり、人生の圧倒的な多様性を、数学者が言うところの一次元の秩序のなかに描写することである。

時間と空間の中で生起したすべてのことを一本の糸に、〈物語の糸〉に通すことである。(中村 1997: 181)

中村はムージルが言わんとすることを要約する。「われわれは自分をとりまく複雑な現実や世界を、物語の単純な秩序の法則によって整序してとらえようとする強い傾向を持っている」。「そのようにとらえることによって、われわれは世界のなかに存在することの不安、存在の不安から免れ、心が静められる」(中村 1997: 182)。これらは脳科学の知見とまったく一致するところであろう。私たちは時間性と空間性をもったたくさんのエピソード記憶を持ち、それらの大事なところを生かしつつ単純化して、物語の糸に通していく。自己物語の中心には連続する記憶を持つ自己がいるのである。

またリクールは、記憶は本質的に私的なものだとしてその特徴を示している。第一に記憶は根本的に単数であり、「私の思い出はあなたの思い出ではない。一方の思い出を、他方の記憶力に移すことはできない。記憶は私のものとして、主体のあらゆる体験にとって、私有性の、私的所有の典型である」として、記憶は体験と同じように共有不可能な単独の私的なものであることを強調している。また「記憶は過去についてであり、その過去は私の印象の過去」であり、「その意味で、この過去は私の過去である」とし、「この特徴によって、記憶力は人格の時間的連続性と、そしてその面から先にわれわれがその困難と罠に対決したあの自己同一性とを確保してくれる」とする。また記憶は時間を横断し、さかのぼる能力でもあるとする。思い出はバラバラに分配され編成されているけれども、記憶によって物語において接合される (Ricœur 2000=2004: 162)。

リクールにとって記憶は単なる構成物ではなく、時間を横断し、思い出をつなぎ合わせて連続した物語を作り出す力、自己同一性を作り出す力そのものなのである。しかしコルサコフ症候群の人々は自分を時空間につなぎとめる物語の材料を持たないのである。自己の実在感をもつには、エピソード記憶、「あの時にあのことを経験した私」、「今これを経験している私」を連続した一つの私として経験するという記憶の連続性がどうしても必要となる。私たちは今ここに存在していることの意味を求め続ける。私たちは過去と現在との連続性を確認し未来へ向かって生きる根拠となる物語を切望する。脳の物語作成機能と同時に、サックスのいうように私たちには物語への欲望があるのだ。私たちは物語なしには生きられない。吉永さんが「意味のあることが必要なのです」と語ったのは、過去の自分と今の自分、そして明日の自分の連続性の根拠を求めていたのではないか。

吉永さんは、自己を時間の流れのなかに定位できずに不安と焦りの中にいた。彼は「記憶のある世界」から記憶を一方的に押しつけられることに抵抗し続けた。エピソード記憶を保持できない彼は、その場、その場で記憶を受け取って自己を構築したとしても、記憶の不連続のなかで自己を見失い、自己の物語を紡ぎあげることはできない。しかし作業のなかに自己を没入することができたとき、彼は自己のリアリティ感と連続性をとりもどしていた。その作業に彼は意味を見出し、感情と結びついて彼の記憶に少しずつ留まるようになっていった。つまり彼は他者から与えられた記憶で自己の同一性を維持したり、自己物語を紡ぎだすことは不可能だったが、自分が意味を見出した作業に没入することによって自己のリアリティ感を見出し、作品のなかに自己の連続感を確認していたのだった。

第２章　認知症高齢者の感情体験
— デイケアにおける語りあいの場面

本章では、感情と社会の関係に焦点をあて、社会関係を作り上げていくもととなる感情は何か、それはどのようなプロセスで作用し始めるのかという問いを掲げている。この章では認知症高齢者たちのデイケアのグループの中での語りあいのプロセスをエスノグラフィーで描く。

第１節　座談会での語りあいの中の感情体験

１．座談会のはじまり

前章で述べたように、私がデイケアしおさいに異動して早々、吉永さんという難題に遭遇したわけだが、６月あたりから吉永さんも少しずつ落ち着いてきた。吉永さんが職員を呼びとめて確認を繰り返したり、家に帰してくれと騒いでいる間も、ほとんどのメンバーたちは、多少苦情を言いながらも、仲間でおしゃべりをしたり活動を楽しんでいるようだった。通所者たちは、毎日通ってくる人もいれば、デイサービスと併用しながら週の何日かを通ってくる人など様々だが、それなりに楽しそうに穏やかに過ごしているようにみえた。

デイケアはこの頃、まだ認知症の程度も軽度から中程度の利用者も多かった。意欲のある女性メンバーには昼食の盛り付けや、おやつ作り、洗い物、洗濯物干し、中庭の花の手入れなどをスタッフと一緒に行ってもらっていた。しかしピック病[15]の人、うつ傾向の人、認知症も重度で周囲と関わりが難しい人、歩行が不安定で常に見守りが必要な人、などにスタッフの関わりはどうしても偏りがちである。
だが、これでいいのだろうか、と時々疑問がよぎる。ここでは問題なく平穏に過ごしていたとしても、通所者たちはそれぞれ、家庭でもの盗られ妄想[16]や火の不始末など何らかのトラブルを抱えて通所となった人たちである。「呆けていってる」という感覚はあったり、家族とそのことでトラブルがあったりするはずだが、家族からはそうした悩みや相談が寄せられるものの、本人たちからはそうした話題が出ることもあまりなかった。通所者の方から言い出さない以上、こちらとしてもあえて「呆けつつある」事実を匂わすような発言もできず、「物忘れ」という言葉を出すことさえ憚られた。
そのようななかで思いついたのが昼食後の座談会だった。デイケアには、畳のスペースもあり、横になって昼寝をしてもよいのだが、ほぼみんなおしゃべりをして過ごす。その場で座談会を持ちかけ、グループダイナミクスを利用して、少しずつメンバーが自分の思いや日常の悩みなどを口にしてくれるようになることを期待したのである。会を催すグループは、いつも一番話が盛り上がっているテレビの前の女性グループとした。そして昼休みの時間に定期的に座談会を行うこととし、グループメンバーの了解を得た。彼女らはすべてアルツハイマー型認知症と診断されていた。
毎日通ってきているのは丸山さんと井上さんで、二人はたいへん仲がよい。自分たちの席は決まっていて、他の人が座ろうものなら大変なことになる。丸山さんは、90になったところなのだが、背筋はしゃんとして歩行も闊達で、機敏である。かなり昔に亡くなっているが夫は漁師で、親兄弟も漁師、気風がよく、それでいて品格がある。よく笑い、よくしゃべり、冗談好きで職員にもよく軽口を言う。井上さんは小柄で、料理が得意。80代で長年調理場の仕事をしていたせいか腰痛を抱えているのだが、料理を作るときは率先して参加し、指導してくれる。穏やかでにこやかな人なのだが、料理のやり方などに、ときどき頑固さが垣間見え、お嫁さんの苦労がしのばれる。あとは曜日ごとに違ったメンバーが参加する。

七夕の日だった。裏山から切りだした笹竹に、折り紙で作った色とりどりの輪飾りや吹き流し、提灯などが賑やかに揺れている。短冊にはそれぞれの願い事を書いた。自分や家族の健康を願うものがほとんどだ。もちろん吉永さんは、きっぱり書くことを断ったが。

この日のテーブルは、デイケアにまだ通い始めたばかりの細川さん、元看護師の安藤さんがメンバーに加わっていた。初回はまず、課長と私で座談会に加わった。私と課長がテーブルの端に座る形となる。課長がいつものように柔和な笑顔で切りだした。

「今日はね、みなさんとね。私も段々と年を取っていくんだけど……。私も今年で定年なのよ。60になるんですよ」

するとと丸山さんが「まあ、私の孫みたいなのに」と驚いた顔をする。

「若い？わぁ、うれしい。……今日は、みなさんといろんな話をしながら、年を取ることについて教えてもらいたいなと思うて。みなさんが、年を取るということをどういう風に思うておられるのか聞いてみたいと思うんですよ」

すると細川さんが、すかさず、

「ありゃあ、寄ってくるんだけぇ。取るんじゃないんだ。寄ってくるんだけぇ」

と返す。だから「年寄り」というというわけだ。細川さんは最近、通所になった人で、80代の一人暮らし。このとおり口は達者なのだが、身の回りのことができなくなりつつあり、デイケアに朝来るとすぐにスタッフと一緒に下着も含め着替えを行っている。社交的で周りのメンバーとすぐに打ちとけた。

「ああ、寄ってくるんだね。ああ、本当だ。そりゃ、しようがないことでもあるが、寄ってくるねえ。そりゃ、本当だねえ。……安藤さんも寄ってきましたか？」

安藤さんの方へ話を向ける。

「ははは……。意地悪な嫁だったと思う。ええ嫁じゃなかった。子供がおるけぇ、勤めに出て……」

話がよくわからない。すかさず丸山さんが、

「いろんなことをしてきたがねえ、奉公もしてきたがねえ。人の気持ちはすぐわかる」

すでにこの人たちは、昔に戻っているらしい。細川さんがさらに遡り、子供時代を話し始める。

「私はきょうだいが9人も10人もおる。私は上から二番目なの。養女に行ったけぇなあ。昔の＊＊ていうて、色地になぁ、それがええ柄だったの。それが欲しゅうてなあ。養女に来りゃ、買うてやるいうてな。着物に釣られたんだな（笑）」

すると丸山さんが「昔は手前の（自分の家の）機で織った。丈夫なけぇ、あんとうのばっかり着せられよった」「花柄が着たかったのに、機で織るのは縞ばっかし」と、しばらく機織りの思い出話が続く。

「ところで細川さんのような寄り集まりは、みなさんのところにはなかった？」と課長が尋ねる。細川さんが、老人会で食べ物を持ち寄って、あれやこれや話すのが楽しみだったと語ったことを指している。「井上さんは行きよりなさったよね？」と問いかけると、井上さんは「いや、あんまり行ってないんだ。働きに行っとったけぇ」と話す。丸山さんは「老人会いうて、嫁さんの悪口ばっかり言うて」と批判的。よく参加していた細川さんは、「まあ、それもあるけど、まあ、お互い、ああだこうだと言うて。やっぱり、嫁さんは他人だけぇなあ。悪い嫁さんじゃないんだけぇなあ」と取りなす。すると、「嫁」に反応して安藤さんが、「ええ嫁じゃなかった思うわ」と、先ほど中断した話が始まる。タイミングをとらえたように、一気に話しだす。

「ええ嫁じゃなかったなかった思うわ。主人が早う死んだけぇ、おばあさん（お姑さんのこと）に『勤めに行かしてほしい』いうたら、『わしらが難儀するようなのう』おばあさんが言いんさったのを、よう忘れられん。難儀させちゃいけん思うて、（勤めから）急いで着替えて帰って……えーっ

と（たくさん）難儀した。それでも優しい言葉もかけてあげた覚えもないし。できた嫁じゃなかったと思う」

「一生懸命したんだがなあ……そんな余裕はなかったなあ」と課長はすでに涙声になっている。安藤さんは夫を亡くして看護師に復帰したのだ。

「思うで。（もっとよう）してあげればよかったなあ思うて、夜中に目が覚めて。おじいさん、おばあさん……はぁ、おらん。畑へ行きんさったかなあ。……この間、うっかり娘に電話して『おじいさん、おばあさん、行っとんさらんか』って電話をかけた。そしたら『何をばかなこと言うとるんかね。とうに死にんさったろうがね』……」

「夢を見たりして、あれだねえ」

「そう思うたら、ええことしてあげりゃよかったが、なんちゅうたって子供は４人もおるしねえ。働くことが一生懸命で……」

「私もね、子供をおいて出てくるでしょ。思うよ。でもね、反面ね、働いとってくれて助かったところもあると思うよ。そりゃあ、わかってらっしゃると思うよ」

　課長は子供を家に置いて夜勤に出た頃を思い出している。

「私は親はおらんかったけぇね、何も知らんで平気で嫁に行ってね。後悔しとる。昨日、墓に行ってね、拝んできた」

「安藤さん、じーんとくるよ。私、そのまんま……」

　課長は安藤さんの話に自分を重ねて声をつまらせる。

「一緒に住まん方がええでしょ！」

　唐突に丸山さんが発言する。一瞬、意味がつかめないが、今の話から、嫁と舅、姑は一緒に住まない方がいいという結論を引きだしている。「私は嫁と一緒に住まんよ。嫌だぁね」とドライな意見をサバサバした調子で述べている。

　そうこうするうちに休み時間は終わってしまった。次回もしようねと約束して、トイレや歯磨きなどに向かう。安藤さんの老いの心境は、感性の豊かな老人一般に通じるものがある。一方、話のなかで特異な感じを受けるのは、夢と現実の区別がつかなくなって死んだ舅と姑を探して娘に電話をかけていることである。正常なところと異常なところが混じり合った初期の認知症というのは、本人にとっても家族にとっても戸惑いの多い難しい時期である。

2. 物忘れの体験と恥の感情

２回目の座談会は５日後だった。この日は、毎日通所の丸山さん、井上さん、そして前回に引き続いて安藤さん、そして細川さんに代わって今日は沢口さんが参加している。沢口さんは夫を亡くして一人暮らしだが近くに娘の家がある。上品で周囲の人たちにとても気を配っている。だが吉永さんのように我儘な人には毅然と一言注意したりしている。座談会に加わるスタッフは今回は看護師の神田さんと私だ。課長はそれまで何か安藤さんと話し合っており、その流れで最初の部分のみ合流した。沢口さんに会の趣旨を説明し終わると、安藤さんがおもむろに切り出した。

「さっきも言うたんだが、わたしゃ、なんぼになるんかいな、いうて……。どがぁしても勘定が合わん。出んのだな。大正が何年だったやらわからんようになって」

丸山さんが、「私よりはだいぶ若いで」と答えている。

「なんぼいうても、なんぼしても、だんだん余計わからんようになってしもうてね」と安藤さん。課長は「そうかね、そんな話をしよったの」と少し驚いた様子をみせる。やっと私の期待した方向に話が流れていきつつある。すかさず尋ねた。「やっぱり、だんだん物忘れもしてくる？」すると安藤さんは、「うん、だんだんじゃない、大忘れだ」と言う。

「財布がわからんようになるのに、ようにやれん！先だって探しよりゃ、別の財布が出てくる。そうしたら、この間ね、『あ、儲けた！６千円入っとった』いうて、別の財布にな。喜んでね、まあ、ええことした思うてね。どっか出かけるのにね、またその財布、どこやらに仕舞うてね、わからんようになってしもうてね。結局、わからんの。まぁー、いつも財布探しとるような！」

本当にあきれ声で言うと、丸山さんが笑いながら、「あがぁな、あがぁな（そんな感じ）」と相槌を打つ。

「ほいでもね、他の財布が出てくりゃ、『ああ、儲けた、儲けた』思うて、うれしゅうて。またそれがわからんようになるの（笑）。もう、どがぁすりゃ（どうすれば）忘れんようになるか思うて。仏壇に上げといてみようかしら思うて。この頃、財布を仏壇に上げる。あそこなら安心しとられるな。やっぱり先祖が守ってやんさる」

「ああ思うね」と丸山さん。丸山さんは朝、迎えにいくと、ときどき仏壇のお下がりのお菓子を袖の下に隠して私たちに隠すようにしてくれる。娘さんはそれを見て、「まあ、堂々とあげんさいや」と言うのだが、このやり取りはずっと変わらない。

「まぁ、忘れること！いつも財布、探す。それがまたこがぁな、ちゃちな財布があってみたりな。大きなんがあってみたりな、いろいろあるんだけぇ（笑）。まあ、どれがどこへ入っとるんやら。ほんのちょっこり、間の方へ、たんすの引き出しの間の方へ入れといて出かけたりするんだ。そうしたらわからんようになる。後からえっとひっくり返して探してみてもわからん。なんでもなぁ時に、ひょっこり出てきてね。まぁー、やれんけぇ、忘れりゃ、こうなるけぇ。……あんたら、忘れんさるまぁ（忘れないでしょ）、財布を？」

「置いたと思う所へ行ってみても、ない（笑）。で、どこへ置いたろうかと……」と沢口さん。

「で、思い出しんさる？置いたところを」と、すかさず安藤さんが尋ねる。

「あっちもこっちも心当たりを探すついでに出てくる」と沢口さんも苦笑いする。

「忘れるんだなあ」と丸山さん。

「まぁー、家中探すような！そいだけぇ、金を持たさりゃせん」と自分自身にあきれたように安藤さん。

「財布持たんわぁ。忘れるけぇ、持たんことにしとる」と笑うのは井上さんだ。

物忘れの体験、そしてそれを語るということは、恥の感情を伴う。恥という感情は、原初の社会を考えるとき集団が統合していくなかで必要となり発生したと考えられる社会的感情である。一般化された他者の期待に応えられない自分を認識するときに「恥」という感情が生まれたと考えることができる。しかし安藤さんの段階では物忘れはするものの、物忘れをして困っているエピソードは覚えているのである。そうした経験は不安や困惑といった感情とともにラベル付けされて記憶されている。

「物忘れがひどくなる。呆けの盛りだね！」と安藤さんがいうとみんなが笑う。

「先生に診断してもろうて薬をもらうわけにもいくまいね……こればっかりは（笑）」

「大丈夫。あんた、おおらかだけぇなあ。どこのお医者、行きよる？」と丸山さん。

いや、みなさんこの病院で診断されてここに来られているのであり、薬も処方されているのです、と言いたいところである。

「忘れんぼだけぇ、やれん。毎日、財布探しとるような」

「みんな一緒だぁね。あんた、何年かね、昭和かね」

「昭和７年いうたろうがね」

「昭和７年？それだけぇ若い」

「昭和じゃあない、大正７年」

と、まるで漫才の掛け合いのような会話が続いていく。ここから年齢確認が始まり、お互い誰が一番若いかという位置確認を始めている。年齢による位置づけは、彼女たちにとっては大切な作業らしい。

このようにして、思いがけない安藤さんの物忘れの告白をきっかけにそれぞれの体験が話された。これをきっかけにして、物忘れ体験の話は何度も繰り返されるようになる。

3. 曖昧化する自己感と不安感情

前章で確認したように記憶は自己の連続感の土台となっている。記憶が曖昧化してくれば、自己感も曖昧化する。自己感が曖昧化すれば、漠然とした不安に包まれるようになる。

安藤さんの物忘れの話に触発された形で、沢口さんが最近感じるというとりとめのない不安な感情を告白し始めた。

「あのね、私ね、すごいこの頃、感じるんですがね。……なんちゅうん？子供が夕方になったら寂しがるじゃないですか。あんな感じでね。そう感じんかったのに、家へ入ると、なんとなく虚しいっていうんかな、待ってくれ手がないという……」

「一人かね？」と丸山さんが尋ねる。

「一人……。それで電気、全部つけて……全部つけるんですよ。そしたら落ち着いて。……むなしいっちゃあ、こんなことかと思ったりして。仏間へ行ってみたり、キッチンの方へ行ってみたりして。仏間へ行ったら、まぁ、戸を開けて拝んで。如来様を拝んで、主人に感謝して。だけどそれを終って火を消すと、なんとなくこう……子供がよう、おらんようなったら親を探す……あんな感じです。……私ねえ、じっとね、一人で、こう、考え込むときがね。寂しいっていうより、侘しいっていうのかな。侘しいって言葉を聞いても実感がわからんかったけども、侘しいって、こんななんをいうんかなあ、と。こう、何？……こう、底へどんどん落ちていくような、気持ちがね、沈んでいくような……」

「でも娘さんが近所におんさるんだろう」と丸山さん。

「そりゃ、いいんだけどね。夕方、忙しいのに私が行かれんでしょうが。養わにゃいけん（食事を作らなければならない）のにね、子供たちをね。それで、うぅーっとなんか、こう、落ち込むような、寂しいようなね。だけどここへ来たら、忘れます。お蔭さんで、ありがとうございます」

「まぁな、こうして来て……」

「年配が一緒でしょう。年頃がみな、一緒だからね。なんでもざっくばらんに話ができる」

と沢口さんは、気持ちを切り替えるように笑顔で話す。安藤さんも、

「寂しいなあ、やっぱり。きょうだいがみーんな死んでしもうてから。私が順番なの。下に妹がおるがな。まぁー、ほんと寂しいで！あっこに話に行ってみようかな、ここへ行ってみようかな、思やぁ、みんな死んどろう？おりゃあせん。だけぇ、きょうだいがおらんようになるいうのは寂しいなあ」

すると丸山さんが、「大きな気を持ってさあ。きょうだいがいなくても、普通の人でもなあ」。私たちが聞くから、というふうに慰めている。丸山さんは、未亡人の娘と二人暮らしだが、口げんかをしながらも寂しさは感じていない様子。近くに息子夫婦も暮らす。

沢口さんの語りには、自分の感じていることを伝えようと言葉を探し求めている様子が伺える。彼女は夕刻から夜へと移ろう時刻に感じる寄る辺ない孤独感を「子供が親を探すよう」と表現し、気持ちの落ち込みを「底へどんどん落ちていくような」と奈落の底へ沈んでいくような感覚としてたとえている。これは孤独感とともに自我が解体しつつあるという漠然とした不安や恐怖を表しているのではないだろうか。物忘れが深まり、自分が少しずつかつてあった自分でなくなっていくという感覚を持つ認知症高齢者には、より強い孤独感、不安感として体験されているのかもしれない。また近しい人たちが亡くなり、物忘れが始まり記憶を喪い、そのようにいろいろなものを喪失していくなかで、現実と夢や幻との境界があいまいになり、自己も曖昧になる。そうした漠然とした不安と寂しさとが入り混じった感情を、彼女はなんとか表現しようとしているのだろうと思われた。

4. 妄想を引き起こす感情

３回目の座談会はスタッフ側は私と看護師の神田さんだ。最初とは違い

反応を手探りする段階はカットして、最初から本題に入る。今日は、物忘れするということをどのように考えているかということを深めて聞いてみたいのだ。まず、神田さんが切りだす。

「今日はちょっとね、私も40を超えて、子供からすぐにね、『お母さん、また忘れて』とか『物忘れ多いね』とか言われるようになったんだけど、みなさんも、体験あります？」

するといいと「あるわぁね」「ありますよね」「物忘れはするなあ、本当、忘れる！」と口々に反応する。沢口さんは、

「書くのが一番いいですね。なんでもメモする。三年連続の日記帳があるんですよ、私。こんな厚いのが。それで何年と何月何日、書くようになっとる。ちょっとしか書かんでも、はっきり思い出される。これを見たら、その年のことを……だけどそれがみな抜けとる。ははは、書いてない、この頃」

現在は書くことさえ忘れているということだろう。自嘲気味にもう一度、「三年連続やから厚いんですが、あれはいいです。ふふふ……それで見たら、みんな抜けとるんですよ。書いてないんですよ」と繰り返している。

「みなさん、物忘れで怒られたりとか、迷惑かけたりとかある？」と続けて尋ねる。すると安藤さんが部屋を見回して、

「あのおばあさん、今日はおんされんかな？」

「宮本さんだろうがな。金がないいうてなあ」と丸山さん。

「盗られたいうてなあ、３万円入れとったのに盗られたいうて」

「うん、ないいうてなあ」

「あのおばあさん、あれを見てね、思うたで」と安藤さん。

「うちら、わざとらしい思うで」と不快感を露わに丸山さん。

「妄想や、妄想」といつもとは違う強く厳しい口調で沢口さん。

「ほんとだぁね、妄想だ」と丸山さん。

「妄想」という言葉を彼女たちは当たり前のように口にしている。一体

どこから聞いた言葉なのか。自分たちと結びつけているのかどうかは不明である。

「おばあさんが、『金、金、お金盗られた』って、かばんを広げて言いんさるでしょう。あの気持ちがわかるで！ うん、わかる。わしも、ないようなった、ないようなったって」

他のメンバーの会話の流れに竿さすように、安藤さんは語り始めた。話題にしているのは毎回、デイケアで財布がなくなったと大騒ぎをする90を超えた宮本さんのことだ。その度に周囲は不快な気分になり、こちらも取りなしに苦労する。その彼女の気持ちがわかるというのだ。安藤さんの近所の老女たちは、いつも彼女の部屋に上がり込んでおしゃべりをしていく。彼女らが帰った後に、あるはずのものがなくなっているのに気づくという。

「それで思うたんだ。物がないようなった、ないようなったと思うがね、ああ、あれは呆けていく前兆だねえ。呆けの前兆だね。誰がとった、誰がとったいうて。ものがないようなる。私がしまい忘れとってもな。ない、ないいうて探すの。財布どこへやったやらわからんようになったりな。そんなんするんで」

「呆けの前兆があるんかなあ」と丸山さん。

「人が黙って（部屋に）入ったりしんさりゃあなあ、あの服がないが、どこへいったかいなー思うて探してみたり、あがぁなことは思うちゃならん思うんだが、ねえ、やっぱりなあ、本当になかったりすりゃあ、ないようなった気がするしね」

「気が弱ぁなるんだなあ」と丸山さん。

「まあ、昨日は着て行ったのになぁ思うのに見つからんの。どこへしもうたかわからんのよ。すぐ心が反省する。あがぁなことを思うちゃならん思うて反省するがな」

安藤さんは、服がみつからないのは自分がどこかにしまってわからなくしたと理性的に考える一方で、やっぱりあったものが見つからないとなると入ってきた人が盗ったのではないかとリアルに感じられてしまう、その葛藤を伝えようとしている。

安藤さんのように自己反省的にとらえられる例は稀である。一般的には身近にいる他者、嫁や娘などもっとも依存すべき対象の人々を犯人と名ざして、激しい攻撃性を向ける場合が多い。このとき彼らはよりどころを喪った寂しさと怒りというふたつの感情に苛まれる。こうした感情は近くの者への攻撃性として表現されてくる。

丸山さんが言う。

「わしら、親子だけぇ『しっかりしんさい！』と言われるがな。他人はそういうわけにはいかん。嫁さんなんかだとけんかになるな」

まさにそのとおりである。

家族への感情はアンビバレントである。家族に対して疎外感や怒りを持つ一方で、家族の愛情や甘えの気持ちを示す。息子夫婦と孫と暮らす木村さんは語る。

「やっぱり息子は嫁さん贔屓よ。それだがね、感心に朝出るときにね。朝、早いんだ、5時半に出るけぇね。その時は必ず私の部屋に来て、私の肩の方が出ちゃおらんか、ええげに直して出てくれる。あれほどは感心だな思うてね。……親子だけぇね。なんぼボロクソに言うてもね、ちょっとそんなやさしい心遣いしてくれるけぇ、うれしい」

他の人々も、「やっぱり家がいい」とか「家族いうのはええもんだ」「安心しとられる」と家族への甘えや安心感を口にする。そのうち孫との関係性は特別である。昔、看護師をしていた木村さんはこう語る。

「うん、年を取るのも悪くないなと思うときもある。子供らが、どういうん？『おばあちゃんは若いときに苦労しんさったけぇ、えらいわぁ』いうて言うてくれることがええわ。うん、尊敬の気持ちをね。孫娘が言うてくれる。『おばあちゃん、すごかったんだねー』って。『今はいいわぁね、年とったんだけえ。それ以上ボケやせんわぁね。みんながおるけぇ。ボケても私らがおるけぇ、大丈夫よ』いうて言うてくれるん」

こうした家族への依存や甘えとは相反する形で、家族になるべく世話をかけまいという気持ちも強い。「なるべく世話を焼かすまい思うてね。自分のできることはするの」などと語る。特に排泄についてその思いが強い。

「自分のことくらい自分で……排泄？それはできるだけ自分で始末ができるようだったらええですね」

「足が立ちさえすりゃ、便所は自分で行きたいわな」

「それで自分の汚れたものは自分で洗濯してね。……自分のことが最後までできりゃええがね。いずれは嫁さんの世話にならんにゃならんかもしれんが。そのときが悔しいね」

小澤によるともの盗られ妄想をもつ人は「面倒見はよいが、面倒見られが下手」という性格的特徴を持っており、「依存したいのだがしたくない」という両価的感情と喪失感の間で揺れ動き、感情的に引き裂かれた状態であるとされている（小澤2003：74-124）。デイケアメンバーでこの妄想を持つ人たちを見ても確かにそういった性格的特長を認め、嫁や娘などに対して、「頼りたいけれども負けたくない」という両価的感情をあらわにした言葉を聞くことも度々である。

5. 吐き出される恥、怒り、悲しみのネガティブ感情

ある日、座談会を始める前、課長はテーブルで安藤さんと話しこんでいる。安藤さんの家は嫁も働きに出ており、デイケアとデイサービスがない日には、ヘルパーが来て、通院の付き添いをしてくれたり、話し相手をしてくれるようになったという。しかし安藤さんはそれが不満のようだ。

「まぁー、ヘルパーさんでのうても、私は何でもまだできるがのう、思うて（笑）」

みんなも笑う。

「そういうような気でね、ヘルパーさん断ろうかしらんいうて、本田さん（課長）とさっき話しおうたとこ。ヘルパーさん、雇わんでもええけぇ、

私、自分のことはできるけぇ、いうて」

もちろん断る方向には行かない。うまく説得して、ヘルパーの利用を続けてもらうようにする。本人ができると思うことと、本当にできることの間にはギャップがあって、それが様々なトラブルを引き起こす。こうした失敗は恥の感情を引き起こさせる。彼らは、家庭内では物忘れや家事の不確かさなどから、それまで持っていた自分たちの役割を徐々に奪われていく。同時に“まだ大丈夫”という気持ちも持っており、家族が心配してガスを止めると、「いや、私は、危のうない思うんだが、息子にすりゃ、危ない思うんかしらんがね」と、周囲の心配をよそに自分はまだまだできると思っている。こうした本人の思いこみと周囲の評価のズレが軋轢を生む。

安藤さんと丸山さんが会話している。丸山さんは、もう家事は娘に頼り切っておりまったくやる気もないが、安藤さんの方にはまだやりたい気持ちが残っている。

「家ではたいしたことをせんけぇね」と丸山さん。

「せんわぁ。たまに私が手伝おうとすりゃ、『邪魔くさいけぇ、ええ』いうて言われる。ええけぇ、行っとりなさい」いうて。邪魔になるんだぁな、結局は（笑）。自分が思うようにできんけぇな」と安藤さん。

「とろい（遅い）ゎな」

「あれをしんさい、これをしんさい言うんが面倒くさいんだぁな。自分が思うたようにできんでしょう、年寄りがついとりゃ」

「あがぁだなぁ」

「手伝おういうのも、あんまり白々しいけぇね、手伝おうと言わんがね。『風呂でも焚こう？』いうて言やぁ、『せやない。風呂は焚かんでも、上から湯を落とすけぇ』（笑）。だんだん、出る幕がないようになってくる」

“出る幕がない”とは言い得ており、家庭内での役割が奪われていく様子をとらえている。役割喪失は、彼女らに恥の感情を与えるとともに、役割を奪う家族への怒りの感情としても表れているのがわかる。家族はまだやればできる自分から役割を奪う者としてとらえられている。そして家事役割だけではなく徐々に家族の“会話からの締め出し”を受けていると感じ取るようになる。

彼らは家族のかかわりの変化を敏感に感じている。

沢口さんが言う。

「一緒にその中に入って聞いとこうと思うのに……なんとなく、わかるじゃないですか。自分たちの話、若いもの同士のね。それを感じたら、すごいね、『ああ、私は今、ここにおらんほうがええんだ』って思うと、すごいショックで。心の中で。口には出さんけどね。……やっぱり聞きたいですよ、友達の話でも。あの、こう、自分の子供たちの話、するやないですか。それ、聞きたいですよね」

安藤さんも、

「そうなんだ。テレビを一緒に見とってもね。ええテレビ（番組）があるけぇなあ、座っとってなんぼでも見とりゃ、若いもんに『寝んさいや』いうて嫌がられる。『自分の部屋へ行け』言いんさる。情けないなあ。私の部屋にもテレビがあるんだけど、ちっちゃいもんだけぇね、みんなのところでテレビを見りゃあね、あがぁなことを言われるで」

「『おばあちゃんも、ここへおんさい』いうて言うてくれたらええねえ。『仲間入りしんさいや』いうて言うてもらえるとね」と沢口さんが自分の経験も重ねて言う。

「若いもんと一緒に見りゃ、楽しいけぇね」

「テレビでおってもね、すごい孤独感感じる」と沢口さんはまた孤独感を口にする。

ここには家族との係わり合いを求めながら会話から締め出されていく寂しさが表現されている。認知症になると知的な面は衰えていくが感情面は衰えにくい。この会話から、彼らは雰囲気に対しても敏感に察知していることがわかる。また家族からの指摘や叱責に対して傷つく体験もある。丸山さんは言う。

「闇雲に言うけぇな、うちらの子でも。『ボケんさんな！』いうて言うけぇ」
「傷つくよね、そう言われると。言葉に出して言われると」と沢口さん。
「何の気なしに言うんだろうがなぁ」と井上さん。
「面と向かってボケた、ボケた、言われりゃ、腹が立つ」
　子供は血のつながりゆえの遠慮のなさ、あるいは親であるがゆえによけい情けなさや腹立たしい気持ちが募り、きつい言葉が飛び出す。
　沢口さんはこう話している。
「さっきの話ではないけど、私が今、気づいたことを話すでしょう？そしたら娘が『さっき聞いた』って言います。ときどき（笑）。同じことを繰り返し言いよる。無意識にね。それを、話してないと思ってまた言うと、『さっき聞いた、お母さん』いうて言われて（笑）。心の中は、わぁ、ショック！って」
　認知症初期の人々にとっては、物忘れの指摘は“傷つき体験”となっている。そして彼女らは徐々に家族のメンバーシップからはずれていくことを感じとる。忘れていく自分、役に立たなくなった自分への情けなさ、悲しみ、恥の感情、家族への怒りなどのネガティブな感情が次々に吐き出されて共有されていく。

6. 慣行的会話

　8月はじめ。座談会のテーブルにまた新しいメンバーが入ってきた。平野さんは農家に嫁ぎ、夫も亡くなって一人暮らし、物忘れが激しくなり息子夫婦が心配してデイケア通所となった。控えめで穏やかな人柄である。この日は他に井上さんと丸山さん、そして週２回通所の川野さんが参加している。川野さんは若い頃、丸の内で働いていたが、戦争が激しくなったので東京駅から列車に飛び乗って帰ってきた話をいつもしている。
「年をとるということは、悲哀を感じますねえ。若いときのことを考えりゃね。私はもう、おばあちゃんだけぇ」と化粧し髪も黒く染めてかなり若く見える川野さんが言う。
「いや、おばあちゃんいやぁ、きりないけど。どれくらい違う？うちらと」と井上さん。井上さんは化粧気はないが、肌がつやつやして若々しい。この日もひととおり年齢確認から入っていく。「いくつだと思うとる？」と川野さん。「60代だろう？」と丸山さん。「77で」と、川野さん。「大正？」と井上さんが聞き返す。「大正14年」と川野さん。「私、なんぼだと思いんさる？」と今度は丸山さん。「もっと私より若いんだろう？」と川野さん。「やれやれ……あんたより多いよ」「多い？」と川野さん。「大正３年だけえ」「90歳になられます」と、すかさず私が言う。みなの反応を見る。「そうお？若いなあ。しゃんとしとるなあ。ふーん、90になるん？若いねえ！」と、川野さん。案の定、みんな驚いた表情を見せる。「苦労がないが、金もないけえ」と丸山さんは満足そうに笑う。平野さんも、「みな若いですね。私、大正10年です」と自己紹介する。
　年齢による位置確認は必須らしい。いつものように年齢確認と、年より若く見えるなどお決まりの会話を交わしている。新しいメンバーを迎えるときの儀式である。
「年を拾うたら、忘れるばっかりだけえ、ふふふ……。次から次へ忘れていくんですよねえ」と平野さんは笑いながら言う。
「みな、一緒だあな」と川野さん。「そりゃ、忘れる」と丸山さん。井上さんも「うん、そりゃ、忘れる」
　平野さんは言う。
「若いときはね、『お前に言うときゃ大丈夫』言われとったが、今はすぐ忘れる」
「歯がゆいように忘れる」と丸山さんが重ねる。
「ねえ」と川野さん。
「覚えとかんにゃ、思うても忘れとるもんね」井上さんも賛同する。
「まあ、みんながそう言われりゃええけど。ハハハ……」と平野さんが笑う。

「みんな、一緒になうぁな」「なあ」と川野さんと井上さん。
「うちの娘がはっぱかけらぁな。大きな声で『しっかりしんさい！』言うがね（笑）。しっかりせぇいうて、どがぁにしっかりしようがあろうか……」と丸山さん。
「しっかりしとる気持ちじゃあるが」と笑いながら井上さん。
「気持じゃな、しっかりしとるつもりでおるが（笑）、傍からみりゃ違うんだろうか」と川野さんも笑いながら言う。
　それから口々に、「忘れるんはしょうがないな」「忘れる、忘れる」「大忘れだぁな」と言い合い、笑い合っている。
「忘れるのはしょうがない、いうような気持ちで？まぁええわと……」と平野さん。
「受け流すより……気にしとってもしょうがないじゃない。なあ？」と明るく川野さん。
「うん、きりないしねえ」と井上さんもうなずいている。
　物忘れや失敗の体験も、お互いに共感をもって語りあう。「みんな一緒だ」「同じ、同じ」といった言葉は、会話のなかでよく使われ、半ば無意識的に交わされている感もある。

7. 共感の場面

　会話参加者たちの感情をひとつにまとめるものとして儀礼がある。「儀礼的」という言葉は一般的に「表面的」とも受け取られるが、この場合、そうではなく、実際に共感という感情を集団のなかで高め合うことに儀礼は貢献している。次の会話は「共感」が示されている場面で、土井さんが物忘れから失敗して嫁に怒られたときのことを語るところから始まる。土井さんは、喜怒哀楽を素直に表現し、憎めない人柄である。今日もみんなに嫁に叱られたという話を戯画的に語っている。
「怒られんようにしようと思うんだが、やれんのですよ」と土井さんが言うとみなが笑う。

「奥さんも負けんが、若い方がえらいんだな」と丸山さん。
「しっかりしなさいよ！いうて言われる」と土井さん。
「そう言われたら？」と私が尋ねる。
「すみません、いうとる。動悸が打つがねぇ」と土井さん。
「ま、慣れたらそうでもないわね」と丸山さん。
「『順番だけぇねえ』言うてやる、一言」と土井さん。意味がわからないので尋ねる。
「順番だけぇね、っていうのは？」
「あんたもこうなるんだよってことだなぁ」土井さんに代わって、井上さんが答える。
「どこでもあることなんだけぇなぁ、こらえとかんにゃなあ。なんぼ息子さんがお母さんいうても、女房の方を贔屓にするけぇなあ」今度は丸山さんが土井さんに諭す。
「動悸が打つのは悲しいから？悔しいから？怖いから？」と再び尋ねてみる。
「悔しい。悔しいわぁね、まあ！」感情をこめて土井さんが言う。
「わかる、わかる」と丸山さん。
「自分がまた忘れたか思やぁ、悔しいわなあ、そりゃあ」井上さんも重ねて言う。

　私は土井さんの「順番だけぇ」の意味を把握することができなかった。そのためその意味を尋ねると、他のメンバーが土井さんに代わって答えている。更になぜ動悸が打つのか、そのときの気持ちがどういうものなのかを確かめたくて尋ねると、彼女の視点に立って参加者たちは口々にその気持ちを代弁して答えているのである。これは彼女らが土井さんの情動が伝染し、彼女の視点にたって呼び起こされた自分自身の感情でもあろう。

『共感の時代へ』(de Waal 2009=2010) を著した動物行動学者、ドゥ・ヴァールによれば、「『共感（エンパシー）』とは、同種の他の個体の感情や意図などを即座に感じ取り、同一化によって相手を慰めたり、相手と協調

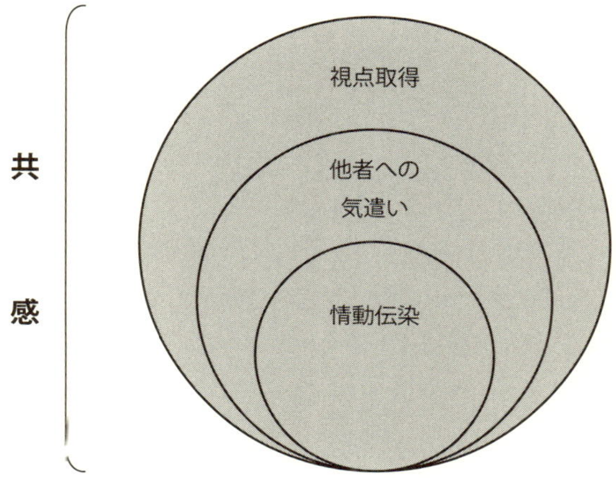

図１　共感の層
出典：ドゥ・ヴァール著『共感の時代へ』p. 293を改変

行動をとったりする能力」[17]とされる。ドゥ・ヴァールによれば共感には三つの層、他者の感情の状態と同一化する「情動伝染」(情動感染)、他者への慰め行動など「他者への気遣い」の感情、そして他者に合わせた援助のできる「視点取得」があるとされる。この場面ではまず背景を同じくする彼女らの中に素早く土井さんの感情が伝染している。そして土井さんに代わって気持ちを代弁したり、「わかる、わかる」「悔しいわなあ、そりゃあ」と口々に土井さんの味方をしたり、慰める発言をする。

この会話には二つのコンテクストが含まれる。ひとつは「嫁との関係性」であり、もうひとつは「物忘れをする自分への悔しさ」である。土井さんの「順番だけぇね」という発言は「あんたも年をとったら私みたいに物忘れをするようになる」という意味に解釈され、嫁との関係性と物忘れの二つのコンテクストを含んでいる。丸山さんの「どこでもあることだから、こらえとかにゃ」という発言は嫁との関係性のコンテクスト、井上さんの「自分がまた忘れたか思やぁ、悔しいわなあ」は主に物忘れの悔しさのコンテクストで語られている。このように二つのコンテクストを暗黙のうちに了解したうえで土井さんの視点を取得し、二人は土井さんになり代わって、また自分の感情も入れながら話していると考えられる。共通の体験を有しない私は、会話のなかでコンテクストが了解できなかったので、度々彼女たちの説明を求めた。だが同じ体験を持ち背景も了解する彼女らは、即座にコンテクストを了解し話し手に同化することができたのである。つまりここで行われている会話は共通の体験および共通の感情をベースにしており、それを共有する者には説明抜きですぐに了解されるというハイ・コンテクスト(18)なものとなっている。

脳科学者のダマシオは、こうした共感し感情移入している状況では、脳が特定の身体状態を内的に模倣している状態にあるとしている。ダマシオは共感を生み出すこのようなメカニズムを「あたかも身体ループ」(as-if- body-loop) と名付けている。これは脳が他者の感情を模倣するもので、脳はその間、実際の身体状態とは一致しない偽の身体マップをつくる。そしてあたかも自分が相手であるかのように、その怒りや悔しさなどの感情を自分の身体に感じとるのである。このような身体感知領域に信号を送って共感の感情を引き起こす「ミラーニューロン」が1996年、リゾラッティらのグループによって発見された。これは、他者の行動を見たときに自分がその行動を行ったときと同じように活動し、鏡に映ったように反応するニューロンであり、間主観性のもととなっているとも考えられる(Damasio 1994=2010)。

8. 社会的感情、マキャベリ的知性の発揮

家族内で物忘れを発端に彼らの立ち位置は変化していくのだが、コミュニティとの関係性も徐々に変化していく。彼らは知り、知られすぎる関係になりがちな近所づきあいや関係性を嫌い、近隣コミュニティから身を引いていく。

「よそへ行って話をするのが、嫌いなんよね。なんとかかんとか……」

「いろんなことが耳に入るけぇ」

「うん、不細工な。人の悪口を言うようなけぇ。あれでみな、けんかになるんだ。隣近所でペチャクチャ言うのは嫌い。近所の人とけんかしとうないけぇ」

彼女らはこれまでの経験で近所づきあいの難しさ、怖さを骨身にしみて知っている。狭い地域の中で社交を保つのはそれ相応の処世術や気苦労が必要である。記憶力が衰えた彼女たちが自然とそうした近所づきあいから距離を置くのも理解できる。実際にもの忘れなどからの行き違いが生じた経験があるのかもしれない。初期の認知症の場合、恥、世間体という社会的感情は彼女らを動かす重要な原理として機能している。ある人は「街場はわからんがな、小さいところはわかる」と、小さい町であるからこそ、人の目が網のように張り巡らされていることを表現している。「コミュニティ」というとおしなべて相互扶助のプラスのイメージが想起されがちであるが、人間関係の密度の濃さは相反する作用を持っており、認知症高齢者にとって必ずしも居心地のよい場所であるとは限らないということを彼女らの言葉は伝えている。

しかし彼らはただ悲しんでいるだけの受け身の存在ではない。人生を長く過ごしてきた人間の持つ知恵やしたたかさ、たくましさを感じさせる会話も展開されていく。コミュニティからも離脱した彼女らの社会はデイケアと家族である。そのなかでよく話題に上るのは嫁や息子、娘との関係についてで、お互いアドバイスを与え合っている。息子はすぐ自分のことを怒鳴りつけるとこぼしている場面ではこのような助言が行われている。

「やっぱり嫁さんには気兼ねするんじゃないだろうかね」

「それはあるでしょうね。やっぱりね」

「嫁さんの手前があるからね。そりゃあ、婆さんよりは嫁さんがかわいかろうて」

「ええお母さんでおってほしいと思う。嫁さんからね、よう思われてほしいという気持ちがあるんじゃない？」

このようにデイケアでの日常の会話の中でも息子、嫁、姑の永遠の三角関係が話題となることが多い。「親子でも喧嘩するとき、あるんだけぇなあ、嫁さんとのは永久的なものだ」などと語られる。そうした会話の中で、そうした家族内での身の処し方が語られる。

「多少、遠慮はせんといけんわぁなあ。あんましずけずけ言うてもいけんし。将来をみてもらうのは、嫁さんだけぇねえ」

「ま、へそくりだけは出さんことだ（笑）。自分の生活費くらい、ちゃんと持っとかんと」

このように家族という関係性の中での振る舞い方や身の処し方、いわば処世術が交わされている。この会話でみるように相談された側は、息子の視点に立って意見している。つまり他者の視点に立つ、視点取得をしているわけである。また嫁の視点に立ち、嫁の気持ちを読んで、「多少、遠慮はせんといけん」「あまりずけずけ言うてもいけん」とし、また近い将来の位置関係も見据えて、うまく関係性を形成するアドバイスをしあっているのである。家庭であっても利害がすれ違う小さな社会であり、それなりの駆け引きや戦術が必要なのであり、そのなかで生きるためには社会的感情を活用する場面が多い。社会的感情はそのまま社会的知性（あるいはマキャベリ的知性）といってもよい。つまり出しぬいたり、協力しあったり、交渉したり、従ったり、反逆したり、という集団の状況に応じて柔軟に対処する知性である。彼らは自分たちを味方同士と認識して共感しあい、社会的知性を交換し合って、作戦会議をしているような場面としてとらえられる。実際の場面では、その作戦がうまくいくことは少ないのだが、しかしこうした社会的感情自体は保持されていることがわかる。

9. ネガティブな感情から喜びの感情へ

最初に物忘れ体験を話したのは安藤さんだが、その安藤さんがまた唐突にこう切り出した。

「呆けが治るとかいう本を読みよるんだが、呆けは治るんだろうかな。本当だろうか」

驚いて「娘さんが買ってくれたの？」と聞くと「だいぶ前に買って放っていたが、呆けが進む気がするから読んでみた」という。「その本、持ってきてください」と沢口さんがお願いしている。

このときのやりとりは、後で考えると大きな転換点だった。それまでは「呆ける」という言葉のスティグマにスタッフサイドの方が過敏であり、物忘れをするという事実さえも、彼らを傷つけることになるのではと口にすることを躊躇していた。それからは物忘れが進まないように、ひとつひとつの活動にどんな意味、効果があるのかを機会あるごとに説明していくようにした。そうしたなかで少しずつメンバー自身も意識化するようになり、作業しながら「こういう手先の仕事は頭にええんで」と言ったり、「おしゃべりするのも刺激になっていいんだって」という会話が聞かれるようになった。

ある日、座談会の途中でまた安藤さんが声をあげた。

「誰か俳句を教えてくれる人はおらんだろうか」

「俳句？ハハハ、いいね」と丸山さん。

「昔ねえ、しよったんだが、もう長しゅう離れとるけぇ、誰かに習いたい思うて。おられん？病院に。俳句の先生」

沢口さんが賛同する。

「初歩から教えてもらいたいね。今の心境を……。今は平々凡々で、まあどうにか年金で食べていけるけぇ。だけど、もったいないなあ。できれば書き残して、あとで娘でも見てからそれが偲ばれるというような。……書いておきたい気がするけど、その表現の仕方がわからん」

この人たちにまだこれほどの意欲が残っていたことに驚く。

「昔から新しいことがやりたくてね。俳句の会に入ってね、みんなでしてきたけど、勤めを辞めてしもうてからピッタリやめてしもうてね。本見りゃ懐かしいし、新聞見りゃ、したいなあ。したい気がするんだが、いっこも浮かばんようになった。頭がボロになったんだろうか。……あれでも先生につきゃ、できるようになるかもしれん」と安藤さん。

「丸山さんはどうですか？やってみたい？」と水を向けると、
「私こそ、はぁ、先が見えとるけえ。ははは」と消極的だ。すると安藤さんが、「先が見えとる？見えとってもええじゃあないか！」と、こちらは勇ましい。

結局、通所者の夫で長年俳句を習っている方に指導者となってもらい、月1回の俳句クラブを立ち上げた。しかし喜んでいた沢口さんは、次回のお題を連絡帳に書いておいても作ってくるのを忘れている。安藤さん自身も「あれ、今日は先生、来んさる日だったかいね」と、忘れてしまうので、お昼休みにはつきっきりで彼女らの俳句作りにつきあう。最も張り切ったのは「先生」となった通所者の夫だ。希望にそって句会を立ち上げたのはいいのだが、アイデアが浮かばないというメンバーたちの句作を応援するのは、なかなかに大変な作業であった。職員も1句ずつ作り、講評しあって、俳句クラブの俳句は毎号、家族向けの新聞『しおさいだより』のコーナーを飾った。

そのほか、「もっと脳に直接働きかけるようなことがしたい」というメンバーの要望から、ドリルも取り入れられた。ほとんどのメンバーが好んで行い、ひとり自分のペースで集中して行う人もいれば、グループで教えあって行う人たちもいる。「これくらいやったら、うん。そんなに苦にならんね」「それからな、はあ自分はだめだと思うとっても、こう、なんか似たような話がありゃ、やっぱり競争心も出てくるわね」「うん、うん。これくらいのことなら、うちも覚えとこういうような競争心があるんだあね」などと口々に語りあっている。ドリルは自分がよくなるために主体的に何かやっているという意識が持てることも好まれる理由である。

木村さんは「今日、100点もらったこと、家に帰って言おう。うれしいわ。学校で100点とったときのようにうれしいわ！うちは孫が問題出してくれるんよ。孫もかわいいなあ思うてから（笑）」と語った。丸山さんは、「はじめはなぁ、なんか嫌な気がしたがな、偉い人ばっかりだけえ（笑）。今はなあ、半分はなあ、まぁ仕方ない思うのと、それから生きとる間に知りたいことは知りたいなあ思うんと、両方」と語っている。

彼女らは年は寄ってくるんだからしかたないと老いへのあきらめを抱きながらも、一方で、少し手伝ってもらえるならばやってみたいというような挑戦する気持ちや新しい経験を期待する気持ちも持っている。土井さんはマフラー作りに挑戦した。「始めはできるかなぁと心配だったけど、できてうれしい。胸がいっぱいになってね、ドキドキするほどうれしかった」。そうして彼女は冬の間、毎日そのマフラーを巻いて通所してきた。

また“仕事の喜び”もデイケアの中で表現されることの多いものである。家庭の中では、役割がなくなっているが、彼女らは役割、仕事を渇望している。洗濯干し、洗濯ものたたみ、昼食の盛り付け、皿洗い、花の水やりや手入れ、そうした家事的な仕事をいきいきとこなしている。一緒に食器洗いをし終わって「手伝うてもらうと早いし、助かります」というと「ほんとう？そう思うてもらえるけぇ、うれしいんだぁね。うちはみんな機械が洗うもんね」と笑う。そうしたときの表情や言葉に、彼女たちはささやかだけれど心が躍動するような感情体験をしていると感じられた。

デイケアの高齢者たちは「少し手伝ってもらえるならやってみたい」というような活動のポテンシャルを潜在化させていた。それはたとえばもう一度俳句が作りたいという希望であったり、妻へのプレゼントを作りたい、形に残るものを作りたい、なにか仕事をして役に立ちたいという思いであったり、より直接的に呆けの進行をくいとめるようなことをしたい、であったりする。こうした望みを援助することで彼女らは心が躍動するような感覚を表現していた。この感情の中核にある感情を喜びと解釈する。

喜びは基本情動のひとつであり、またその対極の感情は悲しみである。脳科学者のダマシオと哲学者スピノザは、この喜びという感情に着目している。スピノザによれば、〈喜び〉とは「私たちの身体の活動力を増大し、あるいは促進する感情」(『エチカ』第4部定理41証明）であり、悲しみはその逆に対置されている。浅野俊哉によればスピノザのいう喜びとは、活動量が増大していき、人間の精神と身体が能動的な諸力に満たされていくプロセスで味わう感情のことであるという（浅野 2006b: 45）。ダマシオも、喜びの状態とは、有機体が生理学的に最適に調整され、命の作用が円滑に機能して活動能力にゆとりがある状態だとする（Damasio 2003=2005: 182-3）。またスピノザの定義では、悲しみは、苦悩、恐れ、罪悪感、絶望といったネガティブな状態を広く含有しているのだが、生命機能が最適に調整されておらず、病や生理学的不調和の兆候にあり、放置すれば病や死に通じる状態であるとダマシオは言う。ダマシオによれば情動や感情の神経生理学は、悲しみを喜びに、ネガティブな情動をポジティブな情動に置き換えることの重要性を説いているとして、スピノザと同じく、「われわれは喜びを求めるべきである」（Damasio 2003=2005: 347）と結論づける。

夏から始まった座談会を発端とする試行錯誤のなかで、メンバーの活動性は確実にあがっていた。認知症のケアにおいては意欲の低下から活動性が低下し、動かなくなることにより身体も脳もさらなる機能低下を起こすという悪循環のサイクルに陥る廃用性症候群の問題の重要性が指摘されている。逆にいえばこのサイクルに介入して逆に作用させることができれば、活性化し、活動性も向上し、機能低下も防げる。つまり喜びの感情を味わうべく働きかけることでこの効果は得られるのである。座談会のグループで起きていたことは、恥や自尊感情の傷つき、自信喪失といったネガティブな感情を語りあうことで共感しあい安心を得て、仲間意識、共同性のようなものを作りあげていた。さらにそこから仕事をすること、やりたかったことをやること、新しいことに挑戦することをとおして喜びの感情を表現し、活性化していた。

ネガティブな記憶を変えていくことは高齢者にとっては困難であり、さらにネガティブな記憶自身もその人を形づくっているものともいえる。認知症のケアでは、これまでネガティブな感情に寄り添い受容するケアが提唱されてきた。しかしそこにとどまるのではなく、活動のポテンシャルに働きかけ喜びの感情を発現させるケアへと展開すべきなのではないか。ケアを受ける側もケアを提供する側も喜びを求め活動力を高めるような相互作用こそを追求すべきであろう。

10. 感情がつくるコミュニティ

認知症高齢者たちは、記憶の欠損から次第に地域のコミュニティから退き、家族のメンバーシップからも距離をとる人もいる。しかしその傷ついた感情、悲しみの感情を共有し共感しあうことで共同性をつくりあげていく。

「うちはいつも言うんだが、こういう所ができたのは、ええ思うよ」
「元気になるしねえ」
「同じような人と話せるけぇねえ」
「うんうん、そうそうそう。みんな同じ気持ちだけぇなあ。私、いいと思うよ」
「ええですよね、ここは。気を遣わんでええしね。気兼ねがない。聞いてもらえる。受け入れてもらえるっていう」
「ざっくばらんなんだぁね。うちはここへ来るんが一番楽しみだ。だけぇ、みんなに言いよる。『ここ来んさい』『行こう行こう』いうて」
「ここが一番安定しとられるな」

彼女たちはここが、「みんな同じ気持ち」の場所で、「聞いてもらえる」「受け入れてもらえる」場所であり、「安定していられる」場所であると語る。また「来るのが楽しみ」で「元気になる」とも語る。ここにいればなんとかなるといった漠然とした希望のようなものを感じている。彼女たちは感情を交わし合うことによって、そこにいる限り安心でき、活力を得て喜びを感じることができる自分たちの小さな社会を形成したのだといえよう。

第２節　初期認知症高齢者の存在論的特徴

ここではまず、初期の認知症高齢者の存在論的特徴についてみていきたい。まず認知症の中核症状[19]は記憶障害である。短期記憶から障害されるのにくらべ，長期記憶，つまり昔の記憶はかなり進行するまで保たれる。中核症状としては記憶障害以外に自分が今どんな時空間に生きているかという見当識も障害されてくる。我々の日常は、今日は昨日の続きであり、自己も昨日の続きの自己であるという連続感がある。しかし認知症になると、記憶障害によって思い出や経験の積み重ねが突き崩されてバラバラになり、現実感や統合感が失われる。

もの盗られ妄想や徘徊などは記憶障害を起因とするものであり、周辺症状[20]と呼ばれる。こうした症状から生活のいろいろな場面で支障を起こしていても、外に出れば社会性は比較的保たれ受け答えはまともにみえることも多いために気づかれにくい場合も多い。

小澤勲によればアルツハイマー型認知症にはその初期から病体失認的態度がみられるという。つまり一見記憶障害に思い悩んでいるかにみえても、一つひとつのもの忘れのエピソードに対しては意外なほどに動揺を示さず恬淡としている。それにもかかわらず日常生活上のつまずきが蓄積して生じる不如意の感覚、なんとなくうまくいっていないという感覚や，自己が少しずつ解体していく漠とした予感や不安を感じているとされる。この時期は、認知レベルの低下に抗して、日常生活をなんとか維持していこうという必死の努力が行われ、それが失敗に終わるため、抑うつ傾向がみられることもある（小澤 2005: 50-1）。

認知症の初期にあたる人々は、全く筋のとおった話をするかと思うと妄想を持っていたりと正常と異常な部分が混在している。とくにアルツハイマー型認知症は「年のせい」ですまされてしまうような記憶の衰えではじまり、後になってあれが認知症のはじまりだったのかと追憶されるように潜行性に始まる。同じことを何度も尋ねたり、財布や通帳の収納場所を忘れて大騒ぎしたり、同じものを買ってきたりという生活に支障をきたすようなエピソード記憶の障害で家族に気づかれ、もの盗られ妄想、嫉妬妄想で始まる人もいる（小澤2005）。認知症高齢者の介護体験プロセスを明らかにした標美奈子は、家族介護者は被介護者の言動が変だとは思いながらも、しっかりした部分も多いために、まだ正常の範囲だと認識してしまうという“正常視反応”をするという現象を明らかにしている（標2001：49-50）。このような初期の認知症高齢者は周りからは見えにくい存在である。

このように初期認知症高齢者は「正常範囲の老い」と「明らかな呆け老人」との境界の存在であり、非常に筋の通った話をするかと思うと認知症特有の物忘れや妄想が混在している人びとである。赤坂憲雄は『異人論序説』(2004: 294-9) の中で、そうした境界状態にある人々についてヘネップやターナーを引きながら論じている。人生は象徴的な死と再生の絶え間ない連続であり、年齢の節目、社会上の位置の変わり目に実施される儀礼をファン・ヘネップは「通過儀礼」とよんだ（Gennep 1909 =1995）。ヴィクター・ターナーは通過儀礼のプロセスの中の人は、その分類しがたい曖昧性のため社会構造からはみ出した存在と捉えられるために、本当に見えなくなるのではないとしても、まわりの人々の視界から消えてしまうとする（Turner 1974=1981: 211）。

赤坂は、通過儀礼の過渡期にある曖昧性（＝境界性）をおびた人の例として、妊産婦や新生児、子供を挙げる。妊産婦は身体的に一時的に異常な状態にあるためか、逸脱性を帯びた人として危険視され産屋などに隔離された歴史がある。さらに柳田国男の「七歳になるまでは、こどもは神さまだといつている地方があります」という言葉を引き、新生児ないし子供は文化の価値規範や分類体系からはみだした、どっちつかずの状態にあるとしている。

このような観点から初期認知症高齢者は、誰にでも判る徴《しるし》を身につけて周囲から「呆け老人」として承認されるまでの過渡的状態にある状態と捉えることができる。同時に現時点を切り取ってみても、「呆け老人」と「正常範囲の老い」の間を揺れ動く存在である。すなわち彼らは時空間的に境界性を帯びているのである。

第３節　記憶と自己観

前節のエスノグラフィーをたどれば、認知症の高齢者はまずなんらかの物忘れから自分が呆け加減であることや呆けの進行感といった「呆け自覚」を持っており、自己の境界が曖昧になっていくような寄る辺なさを体験している。

すでに、認知症が記憶障害を中核症状とするものであり、記憶障害は自己の連続感を突き崩していき、時間構成の障害をもたらし、自己の解体感をもつにいたるものであることを示した。前章ではコルサコフ症候群の吉永さんの事例をあげ、記憶の連続性を持たないことがアイデンティティの危機をもたらすことを示した。初期認知症の人々は、コルサコフ症候群ほどではないがエピソード記憶の欠落がみられ、その記憶の不連続性がアイデンティティに不安をもたらす。最初はスポット的に欠落していくエピソード記憶が、だんだんとその度合いを増して、記憶の連続性が途切れ、「今を生きる人」になっていく。

1. I と me との対話

ここではミードのいう主我（I）と他我（me）の間の対話場面が認知症初期の人の語りのなかに見られる例をあげる。そして次に重度化するに従い、me が I から離れていき、自己が解体していく様を重度化した認知症高齢者の鏡現象に見る。

まず初期においては、自己の物忘れについて自覚的しており、それが反省的に語られることもある。たとえば先の安藤さんの例である。

「それで思うたんだ。物がないようなった、ないようなったと思うがね、ああ、あれは呆けていく前兆だねえ。呆けの前兆だね。誰がとった、誰がとったいうて。物がないようなる。私がしまい忘れとってもな。ない、ない、いうて探すの。財布どこへやったやらわからんようになったりな。そんなんするんで」「人が黙って（部屋に）入ったりしんさりゃあなあ、あの服がないが、どこへいったかいなーと思うて探してみたり、あがぁなことは思うちゃならん思うて思うんだが。ねえ、やっぱりなあ、本当になかったりすりゃあ、ないようなった気がするしね。……まあ、昨日は着て行ったのになあ思うのに、みつからんの。どこへしもうたかわからんのよ。すぐ心が反省する。あがぁなこと思うちゃあならん思うて反省するがな」

ミードは子供が遊びのなかで歯医者になったり、警官になったりして様々な他者の視点を取得し、他者の態度を取得すると me と呼ばれる社会的なものが現れるとした (Mead 1934=1995)。me は社会化された自己であり、私たちはＩとして反応する。先の例は、Ｉと me が対話しながら、反省的にこの体験を振り返っているものであろう。そんなことはあるわけないし、他人を疑ってはならないという me と、それでもあったものが本当にないとリアルに感じ、やっぱり盗られたのではと思ってしまうＩの葛藤的相互作用の場面を見事に言語化している。まだこの段階では、記憶の欠損がありながらも、自己反省がもたらされているのである。しかし、ここで記憶の欠損はありながらも記憶がある、ということが重要である。おそらく不安感情とともに彼女の記憶に強く残ったエピソードだったのであろう。me は社会的な私であると同時に過去の私でもある。過去の私を記憶していること、これが me とＩの対話、自己感の維持にとって決定的に重要なのである。

2. 鏡に映った自己と自己解体感

認知症が進行していくと、鏡のなかの自己像を他者と認識してしまう「鏡現象」が見られる場合がある。施設や病棟などで重度の認知症の高齢者が、鏡に向かって話しかけている場面に出会うことがある。鏡に映った自分の姿を身内などと誤認して話しかけたり、何かを手渡そうとする。精神科医の熊澤徹雄は『鏡の中の自己』(1983) のなかで具体的な症例を紹介している。

> 彼女らは洗面所の壁鏡や洗面台のステンレスに映った自己鏡像とのおつきあいに、一日のかなりの時間を費やしている。彼女らは愉快そうに大きな声で笑ったり、あるいは深刻そうに囁いたり、時には食べ物や日用品を手渡そうとした。筆者が、「誰と話をしているのか？」とたずねると、「おともだち」と答え、「ねえ、おともだちですものね」、と自己鏡像に相槌を求めた。しかし、この自己鏡像との会話をそばで聴取すると、「あなたそこにいたの」、「こまるわね」、「ほんとにね」といった断片的なもので、表面的な交流であり、意味のある情報の交換をしているわけではなかった。(熊倉1983：46)

鏡に映った鏡像を自己であると認知することを自己鏡像認知という。鏡に向かう赤ちゃんは、やがて「実在する・鏡の中の他者」と認知していたものを「実在しない・鏡の中の自己」と認知できるようになる。この転換には高度な精神の働きが必要とされ、赤ちゃんはこの精神的作業を果たして、自己意識を形成していくという（熊倉 1983: 92)。これには象徴化機能（鏡像は虚像であることを知る能力）と同一化機能（鏡像は自分自身の像であることを知る能力）というふたつの精神機能が必要とされる。上記の症例の場合は、このふたつの機能とも障害されているといえる。自己が分裂し、他者化してゆき鏡の中の他者と会話する行為は、偽会話[21]のひとつの例とみることもできよう。

C. H. クーリーは、他者によって自分がどのように認知され、評価されているかを、他者の自分に対する反応を通じて推測していくとし、他者に映る自分の像を指して「鏡に映った自己」(looking-glass self) と呼んだ。これを発展させたのがG. H. ミードの自己論であるが、熊倉はこのミードの自己論を取り入れて、この現象を説明している。

「鏡の前の自己」(内受容的自己) とは、主体としての自己、自我の個人的側面を担っている自己、すなわちIであり、「鏡の中の自己」(可視的自己) とは、客体としての自己、社会的側面を担っている自己、すなわちmeに相当する。

したがって、自己鏡像を自分自身の像であると認知する同一化機能とは、「鏡の前の自己」Iが「鏡の中の自己」meを自分自身の像として同一視し、meをIにとり入れ、meとIの統合がなされることを意味しているのである。そして、このmeをとり入れるということは、Iが社会的自己・共同体的自己を獲得し、社会的存在として生きてゆく端緒となる。(熊倉1983: 35)

認知症患者の場合、発達の過程とは逆の方向へ進んでいく。Iとmeの分離、自己の解体が進んでいくなかで、最後には鏡にさえ関心を示さなくなる。熊倉は、meの他者化が進む自己の解体過程のなかで、去りつつあるmeをひきとめようとする努力とも理解できると述べている。「meが共同体的自己、社会的自己でもあることを考えると、鏡現象はアルツハイマー病型痴呆患者が社会的存在であり続けようとする最後の姿として見ることもできよう」(熊倉 1983: 47)。

このように認知症はその経過にしたがって、自己認識も変化していくことがわかる。初期段階では漠然とした自己の解体感を知覚し、自己の統合が緩くなる。さらに進行すると自己のIとmeとが分裂して、meが離れていくのである。

小澤も抑うつ状態で受診し、認知症の初期と診断した人が「暗い穴に引きずりこまれる」と言い、ある人は「自分が消えていく」と訴え、別の人は「ぼけていく」とつぶやき、自分の遭遇している事態を危機として感じ取り、さらに適切に対処できないことに不安や焦燥を抱くという情動反応について述べている (小澤 2003: 174)。認知症の初期における自己が少しずつ解体していく漠とした予感や不安は、先の高齢者たちの会話のなかでも表現されていた。沢口さんは夕刻から夜へと移ろう時刻におしよせる寄る辺ない孤独感を「子供が親を探すよう」と表現し、気持ちの落ち込みを、「底へどんどん落ちていくような」と奈落の底へ沈んでいくような感覚としてたとえている。これは孤独感とともに自我が解体しつつあるという漠然とした不安や恐怖を表している。

第４節　共感とは何か

1．社会的感情としての共感

座談会グループのエスノグラフィーを読み返して気づくことは、そこで彼女たちにより表出されている感情の主要なものが「共感」といわれる感情に分類されるものであることである。この座談会の始まりの場面は、舅や姑にやさしい言葉をかけられなかった後悔や、それでも働かなければならなかった人生を振り返っている安藤さんに同じ看護師の立場で課長が共感し、涙している場面である。座談会では、物忘れ体験や、夕暮れ時に感じる言いようのない寂しさ、家族の会話からの締め出しや嫁から叱られる体験など、彼女らの会話のほとんどの場面で共感が表出されていた。

彼女らは物忘れの体験や役割喪失、傷つき体験、失敗体験などの自尊感情の傷つき、憤りなどを「わかるわかる」「みんな一緒」と慰め、励ましあっていた。これは同じ体験をしているということが前提となっている。たとえば土井さんが嫁に叱られたときのやり取りの例では、同じ体験をもつメンバーたちには複雑な文脈や感情が一瞬で共有されており、意味をつかめない私に本人以外の井上さんや丸山さんがその気持ちや意味を代弁していた。同じような体験をお互いに語りあうということで、他者と同一化し、自分だけではないという安心感を持ち、連帯感のようなものも芽生えていると考えられる。

「共感」は社会的感情に分類されるものである。社会的感情は集団のなかで生存していくために発達したものであり、進化の過程の適応の一種でもある。社会的感情はそのまま社会的知性（あるいはマキャベリ的知性）ともつながる。つまり出しぬいたり、協力しあったり、交渉したり、従ったり、反逆したり、という集団の状況に応じて柔軟に対処する知性である。エスノグラフィーの中では老人たちが家庭内での処世術を語りあう場面で、「多少は遠慮すべき」「ヘソクリは握っておくこと」などと家庭内での処世術を語りあう場面はそれにあたるであろう。しかしそうした駆け引きや処世術と同時に、他者との関わりのなかで組織として一体感をはぐくんで、外部の敵対する集団に対処するためには共感のような集団意識を高めるための社会的な感情が必要とされる（福田 2006）。

つまり共感という感情の発生の意義を考えると、それは集団の紐帯の意識を高めるために必要だったと考えることができる。この認知症のグループをひとつの原初的な小さな社会の発端と考えるならば、彼女らは記憶に弱点をもち、それを共通項として集まり、語りあい、共感という感情を交わし合い、ある種の共同性をつくっていたのであった。

2. 相互行為儀礼と感情

ランドル・コリンズはゴフマンに由来する相互作用儀礼（1967=1986）という用語に触れ、「相互行為とはしばしのあいだ共有される会話のリアリティをめぐる交渉である」として、会話のリアリティがどの程度つくりだされるかは、「ある仕方で話し合うことを参与者がどの程度望むのか、またそうやって会話を交わすためにどのような蓄積した記憶や発声法をもちこむのか、によって決まってくる」と述べ、「会話において遂行される相互行為儀礼の内容には、成員資格を確認する内容が含まれている」としている（Collins 1987=1998 127-31）。座談会グループの会話の一連のパターンをみると、一種の儀礼ともいうべきものが存在していることに気づく。まず会話の開始の儀礼としては、とくに新しいメンバーが入った際には、まずお互いの年齢を聞きあって位置確認をする。また、悩みなどを開示している語り手に向かっては「わかるわかる」「みんな一緒」というステレオタイプな相槌が、半ば自動的に発せられている。そしてそれぞれの悩みやネガティブな感情が語られたあとは、「大丈夫、みんな一緒だぁね」という安心を与えて集団意識を高めるような言葉で締めくくられる。

人類学者のロビン・ダンバーは、哺乳類の場合、グルーミング（毛づくろい）が群の紐帯（ソーシャル・ボンディング）を保つ仕組みだとする。毛づくろいは、相手の毛の中にいるノミやシラミをとるという行為なのだが、猿に毛づくろいされると、原始的な感情を経験するという。相手の動作にひたすら神経を集中し、心を和らげるような喜びの感覚に心地よく身を預ける。ダンバーによればこの経験は肉体的な感覚であるとともに、社会的な交流であり、お互いの信頼関係を確認しあう行動であり儀礼なのである。しかしグルーミングは一対一の個体間の社会的関係の確認にとどまり、集団が大きくなるとより効率よく社会関係を確認する手段が必要となった。ダンバーはこのグルーミングから発達したものが「ことば」であり、「フェイストゥーフェイスの会話」であるとしている。そして通常の会話の内容は、決まり文句や儀礼的なもの、個人的な体験、ゴシップが60％を占めるとしているが、社会的紐帯を維持するためには不可欠のものであるという。ダンバーはまた、会話に加わる人数というものは無制限に増えることはなく、たいてい４人止まりとなることも発見している（Dunbar 1996=1998）。これを考えると、途中で挟まれる「みんな同じ」「わかるわかる」といったあまり意味的なものを含んでいると思えない、習慣的に発せられているような儀礼的な会話も、人間関係を確かめあう役割を果たしているようである。社会学者のジョナサン・ターナーも「われわれのヒト科の祖先が社会結合を強化するために最初に用いた非音声的で感情的な一連の合図をともなわなければ、言語だけで相互作用の流れを維持することはできない」としている（Turner 2000=2007: 172）。コリンズはその会話が参与者にとって魅力的なものになるかどうかは、文化資本（会話で話題にしうる事柄）と情動的エネルギーの組み合わせによって決まるとし、「情動エネルギーはここで枢要な意味をもつ」と述べている。望んでいるような会話が成功するか否かは情動エネルギーの多寡に規定されるというのである（Collins 1987=1998: 129-30）。ターナーも同じく感情が相互作用の中心であるとし、この感情を調整する手段がコミュニケーションと儀礼であるとしている。ターナーは儀礼が対面相互作用において表現される感情をコントロールする力をもっているとする（Turner 2002=2010: 172）。ここでの会話の場合、ステレオタイプな「みんな一緒」「わかるわかる」「大丈夫」といったステレオタイプ化された発話が儀礼として機能し、相互作用場面の感情は肯定的で穏やかな方向に向かう。そして重要なのは、この儀礼化されたやり方は、無意識のうちに行われているのである。

コリンズは、第一に「集団は集まらなければならない」と強調点を振り、「自分ひとりではなく、ほかの人びとがその場にいっしょにいるからこそ、エネルギーが流れはじめ、伝染性の感情が形成されていくのである」としている。しかしこれだけでは十分ではないとし「集団のなかの個人がみな同じ感情を抱くようになり、しかもその感情を他の人たちと共有していることを意識するようにならなければならない」とする。そして「それゆえ、行為は儀礼化されなければならない」のだという。「人びとは、身振りや声を互いに調整しあいながら、ひとつの様式《パターン》を実演しなければならない」（Collins 1982=1992: 62）。集団は集まって同じ感情を抱くようになり、その感情を他の人たちと共有していることを意識するようになるために行為は儀礼化されなければならないとする。つまり集団のなかにあって儀礼は感情を高め感情の共有を意識化させ、高められた感情エネルギーは集団の紐帯を強くするというメカニズムがあるということである。

3. 共感の起源

共感が社会的感情だというと進化的には新しいもの、脳が巨大化し新皮質が発達するにつれて出現した人間固有のものと考えがちであるが、先のドゥ・ヴァールはそうではないと主張している。「人間は、他者がどう感じ、何を必要としているかを、他のどんな動物よりもしっかりと把握する。だが、他者を深く思いやり助けることができるのは、人類が最初というわけでも、唯一というわけでもない」(de Waal 2009=2010: 155-6)。ドゥ・ヴァールは、共感という感情が、人間に唯一の資質であるということを否定している。情動の伝染や他者への気遣い、慰め行動などが他の動物でも多く観察されているからである。

共感にはいくつかの層があるとドゥ・ヴァールは言う。最も原始的で最も根源的な共感の核の部分にあたるのが、「情動伝染」である。情動伝染とは、「自動的に模倣し、表情や発声、姿勢、動きを、他者のそれと同調させ、その結果、情動的に同一化する傾向」のことである(Hatfield et al., 1994)。心理学者ラッセル・チャーチは「他者の痛みに対するラットの情動的反応」という論文において、食べ物を欲しいときにはレバーを押すよう訓練されたラットが、レバーを押すと別のラットに電子ショックを与えられるのを見ると、押すのをやめることを発見した(Church 1959)。電気ショックを受けるラットの姿や声がレバーを押すラットに同じ恐怖の情動を引き起こしたと考えられる。つまりこれは情動伝染の例であろう。私たち人間も同じように他者の気分はたやすく伝染する。明るい気分の人といれば明るい気分になれるし、悲しみにある人の傍にいればその悲しみもまた容易に伝わる。

情動伝染より進んで、他者の状況をよくしようという働きかけをともなうものが「他者への気遣い」の感情であり、たとえばこれは「慰め」行動となって表れる。チンパンジーがけんかで傷ついた仲間を抱擁したりグルーミングする慰め行動はよく観察されている。利他的行動は自分の種の繁栄につながるもののはずだが、動物が自分の種ではないものを助ける例もある。溺れた犬を川岸まで押して運んだアザラシ、溺れた人間を助けたイルカやクジラ、鳥を助けるボノボなど、その報告例は多い。

さらに共感のなかで進化の過程で最も新しく獲得されたものが「視点取得」である。これは他者の立場にいる自分を想像できることであり、このおかげで対象に合わせた援助が行える。視点取得は人間以外では霊長類に限られた報告例があるだけである。たとえばあるボノボは、動物園のガラス壁にぶつかって気絶した鳥を見つけ、鳥を拾い上げて木のてっぺんに登って空中へ放してやった例があるが、サルはこの視点取得ができないという。

ドゥ・ヴァールは、これにより共感はロシアの入れ子細工のマトリョーシカのようなつくりになっており、核となる部分に他者の感情の状態と同一化する「情動伝染」があり、進化にそって、その外側には慰め行動を起こす「他者への気遣い」の感情、そして新皮質の発達にともなって他者に合わせた援助のできる「視点取得」という社会的感情が獲得されたとしている。ドゥ・ヴァールは共感について「この能力は、運動の模倣や情動伝染とともに、遠い昔に発達し、その後の進化によって次々に新しい層が加えられ、ついに私たちの祖先は他者が感じることを感じるばかりか、他者が何を望んだり必要としているかを理解するまでになったのだ」(de Waal 2009=2010: 293) と述べている。つまり共感は重層構造を持ち、その核の部分は1億年以上も前、哺乳類の系統と同じくらい古い起源を持つことを強調している。

4. ミラーニューロンと共感

ミラーニューロンの発見は、共感の研究者にとっても大きな意味をもたらした。ミラーニューロンは1996年、イタリアのリゾラッティらのグループによって発見された。これは、他者の行動を見たときと、自分がその行動を行ったときに、同じように活動する神経細胞であり、鏡に映ったように反応するという意味で「ミラーニューロン」(mirror neuron) と名付けられた。この神経細胞はサルを使った実験で腹側運動前野の前側のF5と呼ばれる場所で記録された。サルが目の前に置かれた餌をつまんで食べるときだけではなく、ヒトが同じように餌を口に運ぶ動作をしたときにも同じく反応した。さらにこのニューロンは他者の行動だけでなく、行動の意図も識別できるということがわかってきた。またその後の研究で、このニューロンはサルだけでなく人間にも存在することがわかっている。

このニューロンを端的に説明するならば、自分がその行動をしているときに活性化するニューロンであり、また他者がそれをしているのを見るときにも活性化するニューロンである。TVで主人公が相手に平手打ちをされるのを見て、自分がされた感覚で知らぬ間に頬を抑えたりするときに活動しているニューロンだ。そのためこのニューロンは他者の状況を見て我が事のように感じる共感と深く関係していると考えられている。

神経学者のイアコボーニはミラーニューロンとは、自己と他者の不可避な関係、必然的な相互依存性を（その発火パターンによって）具体的に表わしている脳細胞だという。これは親が赤ん坊が笑うのを見て模倣して笑うことによって、赤ん坊は笑うという運動と自分が見た笑顔を関連づけ、笑顔に反応するミラーニューロンが形成される。このように幼児の脳内のミラーニューロンは自己と他者との相互作用によって形成される。ゆえに成長してからもこのニューロンを用いて他者の心理状態を理解するという。イアコボーニは、同時に私たちはミラーニューロンを用いて自己意識を築くのだとする。先に示したようにミラーニューロンは、赤ん坊のときには他者の行動が自分自身の映し鏡であったときに生まれたものだからである。私たちはミラーニューロンの作用によって他者のなかに自分を見る(Iacoboni 2008=2009: 167)。つまりクーリーが言った「鏡に映った自己」という例えはそのまま、このことを示している。

ドゥ・ヴァールは自己認識と共感、とくに他者への気遣いが同時に出現することを述べている（de Waal 2009=2010: 173-9)。先に赤ちゃんの自己鏡像認知について触れたが、共感という感情は、自己鏡像認知が可能になるのと同時に出現することがわかった（Gallup 1970, 1983; Bischof-köhler 1988)。自己鏡像認知が可能ということは、自己認識がしっかりしてきて自己と他者の区別ができていることを指す。その段階の子供は、お人形遊びなどの「ごっこ遊び」で、自分と人形を自己と他者として区別して、役割を演じる。そして人形に喉が渇いたり悲しんだり眠くなったりさせ、感情があるかのように扱って遊ぶ（Lewis and Ramsay 2004）。他者に共感を示すということは、自己認識を持ち自己と他者の区別が理解されている必要があるのだ。このことを裏付けるようにミラーニューロンも、他者を見たときよりも自己を見たときのほうが強く活性化することが実験でわかった（Uddin et al. 2005）。

イアコボーニは、ミラーニューロンこそ間主観性の原初的、本来的なかたちの表れとみている。それは赤ん坊とその親との相互作用、とりわけ相互模倣の中で、未分化の「私たち」という意識のあいだに発達し続ける。この時期には赤ちゃんは鏡像認識ができない。つまり自己と他者は未分化だ。しかしこの未分化な「私たち」から徐々に赤ん坊は他者を知覚し、自己と他者を区別できるようになり、自己意識が生まれていく（Iacoboni 2008=2009: 192-3）。つまりミラーニューロンは、自己意識と間主観性、そして共感の土台であると考えられるのである。

このようにみてくると共感という感情は、種の進化からみてもその核となる部分は哺乳類の起源と同じくらい古いものであり、個体の発生からみても生まれてすぐの親との相互作用で形成されていくような原初的なものであると考えられる。この感情は原基的なものであるがゆえに、失われにくい性質のものではないかと考えられる。すなわち認知症が進行しても、長く保たれていく種類の感情なのではないかと推測する。

第５節　喜びという感情が作る社会

「喜び」は情動、そのなかでも基本情動に分類されるものである。脳神経学者ダマシオは、情動と感情を明確に区別し「興奮するようなできごとの知覚による身体の変化」を情動（emotion）と呼び、その反映として（その身体的反応の解釈ストーリーとして）感情（feeling）が生じるとした。身体の情動反応が先にあり、それを感じて感情が生じるのである。感情とは内部状態の知覚だとし、情動や感情と身体の結びつきを強調する。ダマシオは『感じる脳』(Damasio 2003=2005) において哲学者スピノザの思想が彼の感情についての研究と一致することを著している。スピノザは「人間の心は人間の身体の観念である」としてデカルト的心身二元論を否定している。

浅野はスピノザのいう「情動 (affectus)」というのは、決して精神レベルの話ではなく、身体的なものを含み込んだプロセスであり、身体と密接・不可分に関わったものであるとしている (浅野 2006a: 43)。スピノザによれば「情動とは、私たちの身体の活動力を増大し、あるいは減少し、促進し、あるいは阻害する身体の変様、そして同時にそうした変様の観念である」(『エチカ』第3部定義3) ということになり、ダマシオの情動の定義と重なるのである。浅野は「したがってこの活動力というタームは、非常に広義に解釈されなければならない。それは私たちが自らの内的必然性によって何かをなそうと意欲することであり、自らの能力を発揮しようとする欲望であり、力の増大と喜びを味あわせてくれるような自らの愛するものと可能な限り一致しようとする衝動である。したがってこの活動という言葉には、人間が自由で能動的に生きようと欲するときのすべての活動の源という意味が含まれている」(浅野 2006a: 104) としている。

「スピノザは喜びしか、洞察的な視力しか信じなかった」(Deleuze 1981＝2002: 30) とドゥルーズも語るように『エチカ』の中でスピノザが何度も繰り返し強調するのは〈喜び〉である。浅野も「スピノザの倫理的な定式はただ一つ―『汝の活動力を増大せしめるように行動せよ』、すなわち『汝の〈喜び〉を最大限に味わえるように行動せよ』、これだけである」[22] と総括している (浅野 2006a: 26)。

認知症初期ではエピソード記憶の脱落が始まり、記憶の不連続はアイデンティティ不安をもたらしていく。彼らは「今を生きる人」になっていくのだ。この現在を喜びの感情で満たすこと、心が躍動するような経験をすることが、今を生きているという感覚を味わわせ、緩みつつある自己に統一感をもたらすものであるといえよう。

座談会のグループでは、恥や自尊感情の傷つき、自信喪失といったネガティブな感情を語りあうことで共感しあい、安心を得て、仲間意識、共同性のようなものを作りあげ、スタッフに支援されながら仕事をする、やりたかったことをやる、新しいことに挑戦する、などで喜びの感情を表現し、活性化していた。スピノザは、人々が結びつきあって共同で活動するときに人間の能動性は高まるとしている。このデイケアの例でいうならば、それはネガティブな感情から喜びの感情への移行の間に「共感」というステップがあることである。自分ひとりで喜びに到達するというのではなく、ネガティブな感情を他者から受け止められ共感を示されるということ、共同性を感じるということを土台にして、喜びの感情が獲得されていた。ここにおいて彼らは、居心地よく、希望を感じることができる彼らなりの小さな社会を作り上げていたのであった。

第３章　認知症高齢者たちの戦争をめぐる語りの場の形成

この章では、記憶と感情と社会の関係性に焦点をあてている。テーマとしているのは戦争体験者である認知症高齢者たちの戦争の記憶の語りあいであり、戦争の記憶が大きな感情の共振とともに語られる現象について考察している。この戦争体験の座談会がもたれたのは2009年の８月であり、このフィールドから離れて４年、第２章の座談会からは５年が経過していた。再訪した理由は、旧知のスタッフより、以前のメンバーの認知症も徐々に進み、デイケア全体としても重度の人が増えているのだが、それでもなぜか戦争の話題になると別人のように生き生きと語り始め、集団が共振するのだ、という話を聞いたからである。

第１節　感情的記憶としての戦争体験

1．戦争の記憶、9.11の記憶

第２章の座談会より５年後、デイケアのスタッフから戦争の体験がデイケアメンバーたちにより、ある種、異様な熱を持って語られるという話をデイケア主任より聞いた。デイケアでは誕生日に自分の人生を振り返ってライフストーリーを語ってもらったり、朝の会のトピックで戦争が話題となることがある。一人が自分の戦争体験を語りだした。するとふだんはぼんやりとしている人が、その話題が起爆剤となって別人のように語り始めた。連鎖するように人々は、それぞれの戦争体験を語り始める。東京大空襲の犠牲者たちを運ぶトラックから死体が振り落とされてきた話。死体を踏みつけて逃げた話。特攻隊から逃げてきた話。シベリア抑留。中国、東京、大阪と、それぞれに異なる場所での異なる体験であるのに、まるで同じ場所にいて同じ体験をしたかのように話はかみ合って盛り上がり、共感しあっている。傍で聞いていて不思議な現象であり、その共振に驚いたと彼女は語った。

その話は私にアメリカの作家、ドン・デリーロの『墜ちてゆく男』(2007=2009) を思い起こさせた。これは9.11をめぐる記憶をテーマとした文学作品であるが、崩れ落ちるビルから生還した主人公キースの妻、リアンは、認知症の老人たちにテーマについて記憶に残っている事を書かせて語らせ、認知症の進行をくいとめようとするストーリーラインと呼ばれるセッションを行っている。

> 彼らは書くことにおよそ20分間を与えられ、それから各自が書いたものを順番に読み上げげた。ときに、それは彼女を怯えさせた。言葉がつかえる最初の兆候が見えること、記憶の欠落や衰え。時として見られる不吉な予兆―個人というものを成り立たせている、記憶の粘着と摩擦から精神が滑り落ちていくこと。それは言語から、逆さになった文字から、苦労して書いた文章の最後の語が欠落していることから感じられた。ぐしゃぐしゃになっていく手書きの文字に現れていた。しかし、メンバーたちは高揚した時間を千回も経験してきた―書くという行為が可能にする洞察と記憶の交差点に出会えれば。彼らは大声でしばしば笑った。自分自身に入り込んでいった。のたうち転がっている物語を見つけ出した。こうすることがどんなに自然に思われたか、自分自身についての物語を語ることが。(DeLillo 2007=2009: 40)

9.11の後、メンバーたちはこのときの記憶、どこで何をしていたかについて、書き、語り合うことを熱望し提案する。デリーロが描いた認知症高齢者たちは私の聞いた認知症デイケアのメンバーたちと重なった。ストーリーライン、認知症デイケア、そのメンバーたちが示す戦争やテロといったカタストロフの記憶を呼び起こし、語ることへの熱望と高揚はどこからくるのか。まずはこの問いから本稿は出発する。

2.　認知症の高齢者が戦争を語る意味

ロジェ・カイヨワは「聖なるもの」について「人間の心を騒がせ、魅了し、ときには隷属させる、不可解で抗しがたい情動」(Caillois 1950=1994: 9) を起こさせるものであり、アメリカ映画、賭博、ヒトラーというカリスマと並んで「戦争はこんにちの世界が生んだ《聖》」であり、「祭りのときと同じような熱狂へと誘っていく」ものであると述べている (Caillois 1951=2000: 222)。自分が殺されるかもしれないという死と隣り合わせの体験もまた強い生の感覚をもたらす。

ベトナム戦争に従軍した経験を持つ作家ティム・オブライエンは、その体験をもとにした『本当の戦争の話をしよう』のなかで主人公にこう語らせる。「兵士というものは、もし彼が真実を語るならば、死への近接は同時に生への近接をも意味していることを君に語ってくれるだろう。銃撃戦のあと、そこには強烈な生きることの喜びが存在する」。「そこにはある種の大いなるものが存在している。ある種の神々しさが存在している。変な話だけれど、死とすれすれになったときほど激しく生きているときはないのだ」(O'Brien 1987=1998: 134)。

これらが示すところは、戦争とは死と近接することで生命の躍動を感受する体験であるということである。9.11の記憶を語りあうストーリーラインのメンバーたちは、実際にはそれを経験してはいない。だが中井久夫は「リメンバー・パールハーヴァー」という言葉で、ある年齢以上の米国人の圧倒的大多数が、そのニュースを初めて耳にしたその時、自分がどこで何をしていたかを鮮明なフラッシュバック的視覚映像で思いだすことができるという。これは自分あるいは親しい人の死の可能性が即座に思われるからであり、ジョイスのいうエピファニー (聖なるものの顕現) [23] もこうした「クライマックス的記憶」であろうと述べている (中井 1997: 228-

9)。これは死の可能性を連想するような出来事によっても鮮明な記憶が残るということである。認知症の高齢者が戦争の体験を語ることにより活性化していく理由は、死に近接した記憶の想起によりリアルな生の感覚を確かめているからであり、それを語ることの切望は周囲との境界も曖昧になるなかで、自己が自己であるという感覚を確かめ自己の崩壊をせき止めようとする試みなのではなかろうか。

以上のような認識を前提として、実際に認知症高齢者たちにより戦争の経験がどのように語りあわれるのかをみていくことにする。

第２節　戦争体験の座談会

1．目的・対象・方法

前章では、共感というものが人にとって原初的な感情であるということ、集団において儀礼は感情を高める機能をもち、高められた感情エネルギーは集団の紐帯を強くするというメカニズムがあることが示された。デイケアにおいて高齢者たちが戦争の記憶を語るときにみせるという共振は、共感という感情によるものとみてよいだろう。

それならば実際に彼らは、戦争の記憶という強く感情に刻印された記憶をどのように語っていくのか、共感という感情がどのように動員されて共振していくのか。このことを明らかにするために、戦争の記憶の座談会を企画した。

本研究のフィールドとなった重度認知症デイケアは前章と同じで、当時の一日平均通所者は約25人である。この戦争体験の座談会は2009年８月中旬、午後のプログラムのグループ活動のひとつとして約１時間行われた。対象者は日頃、戦争の話題に対して積極的に語っており認知症のレベルも同程度という条件でスタッフにより選ばれた４人である。私は１週間前より活動に共に参加しており顔なじみになっていた。座談会のはじめに

「みなさんの戦争の記憶を話してほしい」と趣旨を説明し録音の承諾を得た。本稿で引用する会話はこの録音を文字起こししたものである。座談会では私は聞き役に徹し、会話の自然な流れにまかせた。

彼らは認知症の程度からいえば中程度のアルツハイマー型認知症である。日常の会話の中では異常は感じられにくいが、短期記憶の障害は進んでおり、もの盗られ妄想や徘徊など日常生活にはトラブルが生じている。デイケア全体としても、第１章当時よりも重度の比率が高くなっている。

山田さんは89歳、最も高齢で今回、唯一の男性メンバーである。元漁師であり、応召して中国に赴き終戦後はシベリアに抑留された経験を持つ。子どもは県外におり妻と二人暮らしであったが妻の入院以降うつ傾向を示し、週に２日のデイケアにも出かけようとしないことも多く臥床がちである。戦争の経験を語ることには熱心でスタッフは「戦争の話を聞かせてほしいから」と誘い出すという。

鈴木さんは84歳、夫を亡くしてから、もの盗られ妄想や徘徊が始まった。戦争時は女子挺身隊に志願し、天皇陛下に会ったというのが誇りであり、「あの頃は戦争に燃えとった」と愛国少女であったことを語っている。

野村さんは83歳、彼女も大阪で挺身隊に徴用されているが、二十歳に達していなかったため、その時の労働が年金に換算されないのは不公平だという不満を持ち、現在もお金の問題には強いこだわりを示している。

川野さん84歳は、戦時中は東京の丸の内で働いていたが空襲が激しくなると母の実家へ戻った。現在では身の回りのこともできなくなっており、徘徊して家族が捜しまわることが多くなっている。

本論では会話の秩序の乱れを可視化するため、会話分析の手法を一部取り入れて会話の重なりなどを表しているが、厳密な会話分析の手法をあえてとっていない。記号を多用することで話の勢いや文脈の流れを読み取ることが阻害されると考えるからである。グブリアムとホルスタインは、近年のエスノメソドロジーが生きられた体験の「内容」を犠牲にして社会的プロセスの「方法」だけを強調しがちであったと批判している（Gubrium and Holstein 2000=2006: 146)。そこでここではその双方に注目し、戦争の記憶についてどのようなことがどのように語られていくのか、会話はどのように流れていき、どのようなことが起こっているのかを見ていく。

この節においては、まず座談会の大まかな流れを把握し、戦争という記憶が感情を伴いながらどのように語られていくのかを明らかにする。

2. 座談会の見取り図

はじめにこの座談会の流れを表1に提示する。表の「話題」はその部分で語られている中心的話題を、「会話の抜粋」はそのなかで特徴的であり注目した発言を、上向き矢印（↑）は会話が盛り上がったことを示す。「動き」は会話の動きとしてみたときの特徴を記す。「記憶のフェイズ」において「集合的記憶」はその場の人々あるいは同時代を生きた人々を代表したと思われる記憶、「共有的記憶」は集合的記憶には至っていないものの、その場の複数の人々と共有できる間主観的な記憶とする。「個人的記憶」はその人固有の記憶であり、このなかには嗅覚や触感、音などの感覚を伴って想起されるものと、先述した死との近接という体験の記憶があった。

座談会の流れに沿って特徴的な場面をとりあげる。以下での会話表記は、[は発話の重なりの時点を示し、(　) は聞き取れない部分、((　)) は私の注釈、＝は切れ目ない接続を示す。

表1　座談会の流れ

話題	会話の抜粋		動き	記憶のフェイズ	語りの型
① 開始	「あの戦時中はね」「あの時代はそういう時代」			集合的記憶	定型語り
② 年齢確認	「自分の年がわからんようになっとる」「はぁ終い(笑)」		自嘲		
③ 時代	「挺身隊です」「徴用に出とった」「駆り出されて」「兵隊へ出て 10 何年」「あんな時代」「不幸な時代」		口々に語りだす	個人的記憶 ⇔集合的記憶	定型語り
④ 空襲警報発令	「空電車の中で待機しとった」「そうそう、退避」「箱に土を盛ってその中におった」	↑	個々の記憶の噴出→共感	個人的記憶（生死） ⇔共有的記憶	
⑤ 戦争の日常化	「あの頃は命が惜しいとか思わんかった」「思やせん。一生懸命だった」「思うてもしようがない、空襲は毎日だけー」	↑	集合的記憶の生成	集合的記憶	
⑥ 空襲の時	「空電車に退避しとった」「あれはよう忘れん。二重橋のこっちの山の方にね」「ちょうど風呂屋の前の方にな」		個別の記憶へ	個人的記憶	

⑦徴用	「私らは年まわりが悪いけえね、徴用で」			共有的記憶	
⑧年金、挺身隊、生き残り	「仕事したのになんも保証がない」「挺身隊に出てました」「南方に行ったもんはみんな死んだ」	↑	並行したり噛み合ったり	個人的記憶 ⇔共有的記憶	
⑨天皇	「あれはよう忘れません。陛下のところへね、宮城へ行った」	↑		個人的記憶	
⑩皇居の塀	「皇居はな、東京駅のすぐ傍。ちょっと汚いなあ、あの塀がなあ、かびたような」「カビが生えたようなな、青臭い」「皇居に入らせてもろうた」「私らに手当をくれてもいいんだ」	↑	記憶の連鎖 並行したり噛み合ったり	個人的記憶 ⇔集合的記憶	
⑪機銃掃射	「機銃掃射におうたことがあるんよ。」「バババババッと撃つんだ」「そういう目におうたことがあるの！私らぁ、あるのよ」	↑	擬音、スピード 共振	個人的記憶 （生死）	
⑫よく生き残った	「よう生きたもんだ」「ありがたいなあ思うた、あん時」「命が助かっただけでもええと思わにゃ」			集合的記憶	定型語り
⑬空襲	「動く電車に撃つ」「電車の前に落とされた」「空電車に入って」	↑		個人的記憶	
⑭よく生き残った	「仏さんが助けてやんさった」「空襲警報で電気消して部屋を真っ暗にして」「うちらの時代はみな空襲でやられとる」		集合的記憶の生成	集合的記憶	定型語り
⑮記憶自体について	「忘れはせん」「忘れられはせん」「忘れはせんが忘れとるよ」「忘れるなあ」				
⑯中国・シベリア、年金	「南方へ行った者はみな死んでわし一人残っとる」「わしらは生まれ合わせが悪い」			個人的記憶	
⑰ユーモア	「あんたらを、笑わせてみせようか」	↑	話題転換	個人的記憶	
⑱兵隊	「兵隊が長い剣さして、カチカチならせよったのを覚えとる」		記憶の連鎖	個人的記憶	
⑲年金	「年金くらいくれりゃいいのに」「歩が悪いんだな」「年が若うてもねえ」				
⑳軍需工場	「軍需工場だけえ。弾を作る」「私も挺身隊で」			共有的記憶	
㉑年金	「難儀しとるのに報われとらん」		野村さん中心	個人的記憶	
㉒中国、年金	「中国に行っとった、挺身隊で」「働いても年齢がいかんばっかしにだめなんよ」「あんな鉄砲で戦争したって勝たりゃあせん」「うちらの時代が一番悪いな」	↑	ずれながら噛み合う 共振	個人的記憶 →集合的記憶	
㉓戦時中の食	「中国は食べるものが悪かった」「中国は食べるものがある」「麦飯も堅いようなしねえ」「外米を食べた」		違うのに噛み合う	集合的記憶	
㉔共同性の確認	「みな戦時中をとおっとるから話があうわねえ」「そうなんよ、みな戦争の苦労を知っとるけえ」「我慢しとる」			集合的記憶	定型語り
㉕機銃掃射、再び	「空襲警報発令でな。空電車で」「くるんだよ！パラパラパラパラ！て弾を撃って逃げる」	↑	個人的記憶の喚起	個人的記憶（生死）	
㉖よく生き残った	「運がよかったわけよ」「今は笑い話だが当たりゃ大ごとだ」「よう生きとるで」			集合的記憶	定型語り
㉗原爆・終戦	「近くで見ましたよ」「空がもうね、雲がかかっとるように白うなってね」「あの一発でね、降参なんだけえね」	↑	定型語り→象徴的出来事	集合的記憶	
㉘稀なる経験	「原爆、こわい。それを見たんだけー、私は」「南方へ行ったものは一人も戻らん」	↑	個人的記憶の喚起	集合的記憶 →個人的記憶	
㉙毒	「中国では置いてあるものを食べりゃ、毒が入れてある」「わかる、わかる。きれいな水はね、毒が入っとるいうて」			共有的記憶	
㉚よく生き残った	「そいだがみんなよう病気せんかったなあ」		話のしめくくり		定型語り

3. 座談会の流れ

(1) 座談会の開始の定型語り

まず私が趣旨を説明すると野村さんが「ダメダメ、私はだめよ。忘れとる」と言うが、鈴木さん、川野さんは「あの戦時中はね」「あの時代はそういう時代だったなあ」と早くも回想モードに入っている（①）。「あんたが高齢？私が高齢だろうな」と年齢による互いの位置確認が始まるが、「自分の歳がわからんようになっとる」「はぁ、終いだな（笑）」と自嘲が入る（②）。いきなり鈴木さんが「あの頃、戦時中、挺身隊です」と、女子挺身隊の歌を歌い始める。これが引き金となり、「徴用に駆り出されて」「兵隊へ出て10何年」と口々に「あの頃」の記憶を語り始める。そして早くも「あんな時代だったんだ」「若い時代、不幸な」と時代を回顧しての定型的な語りが口にされる（③）。

(2) 空襲の記憶の共同想起

戦争の記憶はまず空襲の記憶から呼び起こされる（④）。次は空襲警報が発令され焼夷弾が落ちてくる様子を共同想起している場面である。

川野：あの、夜になりゃあれだ、[空襲警報発令で [な。
鈴木：　　　　　　　　　　　[女学校卒業してから。
野村：　　　　　　　　　　　　　　　　　　　[うん、空襲警報あってな。
川野：電気み [な消されてなあ。
野村：　　[そうそうそうそう [そうそう焼夷弾が落ちよった。
鈴木：　　　　　　　　　　[そうです。
川野：あがぁな時代だった。焼夷弾が [ポンポン、ポンポン落ちてくる。
鈴木：　　　　　　　　　　　　[学校からいったんだけぇね、挺身隊へ。
野村：私は大阪におったけぇね。
川野：おぉ、うちら東京でやったんだ。
鈴木：[私も大阪へ行きましたよ。挺身隊で。

野村：[まあ、それだが [東京もひどかったかしらんが、大阪もひどかったよ。

山田：　　　　　　　　[みてみんさい、日本人に生まれて東京を知らんもんはおらんが、わしらは東京がどこやら何がどこやらいっこもわからん。中支、北支、満州、奉天……シベリア。ああ、日本人て哀れなもんで。

野村さんと川野さんの会話は、「空襲警報発令」の発話のすぐ後に「うん、空襲警報あってな」と続き、「電気みな消されてなあ」の途中で「そうそうそうそう」と言葉を重ね、共同で想起している。鈴木さんは「そうです」と同意しながらも挺身隊に所属していたという話を繰り返す。山田さんは中国各地やシベリアを徒歩で転戦したことを語っている。

４人にはそれぞれの語りの主題がある。山田さんの主題は、仲間はみな死んだが自分は二人の人物のおかげで生還できたというストーリーである。鈴木さんは挺身隊に所属し天皇に会ったという話、川野さんは空襲警報発令で止まっている電車に退避した話であり、そして野村さんの主題は「年金」である。これらの主題が多少の変奏を加えながら繰り返されることになる。次は上の会話の続きで空襲警報発令時を共同想起している場面である。

川野：空襲警報になりゃな、サイレンがワーっと鳴るしな、防空壕の中でな、ちーそうなってな。うちはな、外に出りゃな、道路端にね、バスのね、空バスが止まっとってな、あの中へ退避してな、[朝まであっこに退避しとった。

鈴木：　　　　　　　　　　　　　　　　　　　　[そうそう退避。

野村：バスん中ならええが、わしらはなあ、あの土をね、土をね、箱を作ってね、その上へ土をまあ一尺くらい載してあるんよ、土が載せてあるん。その中へ、退避。ほいだけぇ、爆弾がおちたらパーよ。

川野：それだけぇ、ずーっとな、朝までな、うちらは自動車の中へ、あ、電車の中へなぁ、空電車がおいてあるんだ [ぁな。空襲警報でな、バスがおいてある。その中へ入ってな。

野村：　　　　　　　　　　　　　　　　[そうそうそうそう。そん中へ入るんだろう？(笑)

川野：それでな、朝ま[でずーっとな。

野村：　　　　　　　　[ハハハ。そうそうそう。落ちたらしまいだけぇな。

川野：それで、いつ空襲の弾を落とされるかとヒヤヒヤしとったがな。

川野さんには退避した空の電車の中で身を縮めて焼夷弾が落ちるのではないかと怯えていた状況がサイレンの音、身を縮ませる体感ともに想起されている。まず鈴木さんが川野さんの「退避」の言葉に素早く反応して「そうそう退避」と言葉を重ねる。そして野村さんも川野さんの「退避」の記憶が引き金となって防空壕のような箱を作って土を盛り、そのなかに退避したという記憶を想起し、相手の発話の途中に「そうそうそうそう」と言葉を重ね合わせる。このように退避の記憶は互いに共有しうる記憶として存在している。

この話から野村さんが「あの頃のものは、とにかくいちいち退避しよった」と話し、「空襲警報、退避」が日常化し慣れが生じていたという話が出され、そうした記憶を一般化していく過程がみられる（⑤）。

野村：あの頃はそいだがね、もうやけくそでね、命が惜しいとかこわいとか、あんまり思わん[かったような。

鈴木：　　　　　　　[ちゃんと壕があったけぇね、入られる。

川野：[もう、もう思わん。

野村：[うん、いや、ほんと。

鈴木：[思やせんかったね。一生懸命だった。

野村：もうほんと、思うてもしようがない、もう毎日のことだけぇ。

川野：うん毎日だけぇな。

野村：空襲は毎日[くるんだけぇな。まぁい日くるんだけぇ。

川野：　　　　　　[うんうんうん。そうそう、毎日、毎日。

山田：ほー。

野村：はぁあきれて「退避―！」。退避してもつまらんのよ。つまらんけど一応入る（笑）。

野村さんの「あの頃のものは」「あの頃は」にみられる「あの頃語り」がきっかけになって集合的記憶を語るモードに入っていく。

(3) 集合的記憶から個別の記憶へ

この集合的記憶が語られた後、またすぐに、空襲をどこで経験していたかとの問いで個別の記憶へと戻っていく（⑥）。

鈴木：どこにおりなさったの？私は東京におった。皇居の横の所でね。

川野：電車の空電車に [退避しとったよ、うちは。

野村：　　　　　　　　[そうそうそうそうそう。

鈴木：学校から [東京へ行った。

野村：　　　　[あがぁなの [爆弾が落ちりゃ、いちころだぁね。

川野：　　　　　　　　　　　[朝からずーっとずーっと夜通し、[朝までおったぁね。

野村：　　　　　　　　　　　　　　　　　　　　　　　　　　　[そうそうそうそうそうそう。

山田：ふーん。

川野：空電車の中に（笑）。

野村：そうだ、ハハハハハ。

鈴木：二重橋の近く [におったんだがね、皇居に落ちんにゃええが思うてね。心配しながら。

川野：　　　　　　[東京の市電の中におった。あの中へ入っとったが安全だったんだぁね。

鈴木：私もあれはよう忘れんわ。あの、二重橋のこっちの山の方へね、お宿をとっとってもろうてね、みんなで。挺身隊がようけおったんだけぇ。２、３日。

（中略）

鈴木：東京駅もあれがありましたよ、空電車が。

川野：いや、東京駅じゃなくてな、電車の通り。ちょうど風呂屋の前の方にな、ちょうどこう、車が止まっとってな、そこへ入ってな、ちいそうなっとった。

会話は徐々に具体的な場所を想起しながらの語りとなっている。このように全体の流れのなかでは集合的記憶から個人的記憶へ、個人的記憶から共有的記憶や集合的記憶へ、といった往復が繰り返されていく。

(4) 平行する会話とその収束

以後、徴用の話、年金の話と挺身隊の話、ひとりだけ生き残った話が平行したり噛み合ったりしながら続く（⑦、⑧）。みな話題を自分の主題に引き寄せようと試みる。途中で鈴木さんが「挺身隊に行って天皇陛下に手を握ってもろうてね」という、彼女の切り札ともいえる「天皇と会った話」を出すが、野村さんの年金話がヒートアップするなかで完全に無視された形となる。再び鈴木さんが「まあ、あれはよう忘れません。陛下のところへね、宮城《きゅうじょう》へ行ったんだけぇ」と持ちだしたところへ私が「宮城？」と聞き返し、全員の注目が集まる（⑨、⑩）。（以下、＊は私）

野村：私らは大阪におったがね、皇居には連れて行かんかったで。へへへへ。

川野：皇居はなあ、東京駅のすぐ傍。入ったところ、ちょっと汚いなあ、あの塀がなあ、ようカビたような。

鈴木：はあ、カビでいっぱい汚れとりました。あれをずっと行かにゃあ皇居に行かれませんよ。

川野：まぁー、こがぁなところに陛下がおるんか思うた。東京駅へ行ったときに。

鈴木：あ、そりゃあね、戦時中だったけぇ、あがぁなかったんでしょう。

野村：そうだろうねえ。

川野：塀でもなあ、もう（　）なんかねー。

鈴木：塀がねえ、ちょっと壊れたりはげたりしとる。その時代ですよ。

川野：[みっともないような塀だったなあ、あれなあ。東京駅の前の方にあったが。

野村：[そりゃ、かもうちゃおられんだっただろう。

鈴木：はい。はい。そうです。「自分らもこういうことで我慢しとるんです」って天皇陛下が言われた。

川野：まぁ、汚いなあ。[ちっとはきれいにしてあげればいいのに思いよった。

鈴木：　　　　　　　　[あまりかもうてなかったんですと。中へ入らせてもろうてな、陛下がお住まいになるとこ見せてもろうた。

＊　：[えっ？ちょっと。皇居の中に入れるん？

川野：[ほーんと、なんかしらんカビが。

鈴木：入らしてもらった。

川野：いや、そこんとこは [なんぼでもね。ちょこっとぐらいのぞかれらぁな。

鈴木：　　　　　　　　　　[女だから、挺身隊は。はあ、入らせてやんさったよ。悪いことをせんと思うたんだろう、娘だけぇ。

野村：うちらの頃は一番損よ。あの頃、若いでしょう？厚生年金もなんもつかんのだけぇ。二十歳じゃない、18でしょう？ 20年だが、(戦争は) 20年にすんだんだろう？ほいじゃだめなんよ。20年までは行っとった。20年までは行っとったんだがなあ。ほいだが戦争がすんだけぇ、それまで行っとったんがパー (笑)。

川野：　　　　　　　　　　　　[運がわるいんだね、うちらはな。あの頃はな。

鈴木：　　　　　　　　　　　　[私ら皇居の中に入らせてもろうたあね。((歌う))“われら乙女の挺身隊”いうのをね。歌うて。挺身隊の歌を歌うてくれいうて陛下が言いんさったけぇ歌うた。ほほほほ。

川野：だがそこの塀もな、塀を見たが、[なんとさびれたような、もう腐ったような塀だった。

鈴木：　　　　　　　　　　　　　　[よう、ほんと。３人くらいで行ったんですよ。で私に歌えいいんさるけぇ、[みんな歌わんけぇ私が歌うた。陛下の前で、皇后陛下。皇后の宮様も。

川野：　　　　　　　　　　　　　　[きれいな塀でもなんでもないで。東京駅の前の方からな、行ったところにあるがな。まあ、ここの塀をどがぁかしてあげんとみっともないがと思うたで、うちは。塀がな、[カビがはえたような塀でな。

鈴木：　　　　　　　　　　　　　　　　　　　　　　　[お菓子をもろうたんですよ。煎餅のようなお菓子をやんさった。その頃ないですよ、煎餅のようなお菓子なんて。

川野：[カビがはえたようなな。うん、青臭い。こんなところに天皇陛下が住んどるかと思うた。東京駅の前にあるがな。

鈴木：[みんなで歌を歌えいうてね。ねえ、有難い。それから後、帰るときにお土産だいうてやんさったんで。みんな人にあげました。「あんた、ええことしたな」言われて。

野村：[私らにもね、手当をくれてもいいんだ。年齢で二十歳を過ぎとりゃもらわれるんだ。18かそこら。20じゃやれんの、満だけぇね。確か満だろう？

川野：満、満、満。

鈴木：あれは手紙 [を書くのにね、それが当たったけぇ、それで行った。

野村：　　　　　[仕事をしよったんだがね。

鈴木：ついてってもらってね。

野村：それだけぇ私らが一番損よ。

川野：損だ。

皇居の話題から川野さんの皇居の壁の印象の記憶が喚起され、それを語り続ける。それに対して鈴木さんが挺身隊で天皇と会った記憶、野村さんが年金の話、といった具合に各自のテーマを三者三様に語り始め、会話の成立が怪しくなっていく場面である。

天皇陛下に会ったというのは鈴木さんの人生のハイライトである。家族が聞いたという話では、鈴木さんは女学校時代の作文が優秀であったため表彰され、その際に天皇陛下に会ったという。関連した記憶と挺身隊の記憶が融合されているのかもしれない。はじめはその話題に川野さんも野村さんものっている。そして皇居の話題から川野さんの話は自分が見た皇居の塀の話に移る。その途中で唐突に野村さんは自分のテーマである「徴用に出たのに厚生年金がつかないのは不公平」という話を始める。川野さんはそれに同調し、儀礼にかなった会話の形がとられるが、すぐ後にまた「汚れた塀の話」を始める。この間、鈴木さんは天皇陛下と会った話を誇らしそうに語り続けている。

鈴木さんは自分のテーマに会話をリードしていくことができたのだが、全体の話の流れは彼女が期待していた筋からは、はずれていったようである。川野さんは「皇居」から彼女固有の記憶である皇居の塀を思い出す。それは触感や青臭い匂いとともにありありと思い出されているのである。この記憶は強く彼女をとらえたとみられ、この皇居の汚れた塀の話を延々と続けていくのである。後半では三者三様に自分の話題を話しているのだが、最後は強引ともとれる野村さんの問いかけに川野さんが答え、同調するという儀礼にかなった形で収束している。自分の記憶を語っているあいだにおいても他のメンバーの話にも注意は払っており、その呼びかけに応じたり、儀礼を示す姿勢は保持されているのである。

(5) 死と接近する記憶

座談会の中で最も メンバーの意識が高揚し同じ文脈上で収束していくのは、野村さんが機銃掃射にあったと話しだしてからである（⑪）。軍隊で中国にいた山田さんは内地での敵機の攻撃の様子を知らない。そこで身を乗り出して尋ねるのである。

野村：機銃掃射いうてね、飛行機の上から撃つんだぁね。そりゃあね、あの出おうたもんでなけりゃ、わからんがね。そりゃ、機銃掃射いうてね、飛行機がその方を飛んどるところから撃つんだもん、あんた。ありゃあもう、不思議なが、危なかったでなあ。

川野：はははは、運がえかったで。

山田：飛行機が [来りゃ、撃つ撃つ（撃ちながら）来るかな？

鈴木：　　　　　[飛行機が撃つのをみた。

野村：そう [よ。機銃掃射いうてね、うろうろしとりゃ、空から撃つんだあね。

鈴木：　　[飛行機が落としよるのをみた。

野村：空いうても遠い高いとこじゃないよ。[近く、見えるような所から撃つんだけぇ、あんた、なあ。当たらんのがおかしいわ。

鈴木：　　　　　　　　　　　　　　　　[こわいけぇねえ。あの戦時中はように、ねえ。

山田：うん、その点、どがぁにだったかな？向こうから飛行機がこう？そのときはどがぁに体をはって。

野村：[そりゃ、だ、だ、団体、団体だけー、どがぁして見えるやらわからんがね。そういう防空壕とかね、避けもんがあったけぇ、そん中へ入っとったんだと思うんだ。

川野：[空電車、電車の中に入っとった。[電車が、空電車が止まっとるんだ。そん中に入っとったぁな、私は。

鈴木：　　　　　　　　　　　　　　　[電車の頭。飛行機、飛行機が上で落とすんだぁね。電車の上で落とすん。私、見たけぇ。

川野：空の電車が止まっとるんだぁな。

鈴木：とまっとるときに [上から飛行機が落とす。こわいけぇね、ありゃ。

野村：　　　　　　　　[それでね、あれでもね、(　　　) に撃つんだ、バババババっと撃つんだ。

山田：うん。

野村：それに当たりさえせにゃ、ええわけよ。

山田：あんたらの方が戦場におった者たぁ難儀をしとんさらぁな。いや、ほんと。

川野：空電車の中へ退避をしとったよ。

野村：あのねぇ、そういう機銃掃射いうのは、あんたは知っとんさるやら、飛行機の上からね、下を通る走るやつを撃つんだがね、当たらんのが不思議なんだが。当たらんのよ、あれが。

川野・鈴木：うんうん、そうだなあ。

山田：ああ、そうかな。

野村：そりゃあ、あんた、低空飛行で来るけぇ！屋根、屋根、屋根くらいのところへくるけぇなあ、あれ。

＊　：え、そんなに。

野村：くるんだよ！パラパラパラパラ [パラー！って弾を撃って逃げる。

鈴木：　　　　　　　　　　　　　　　[こわいねえ。こわいけぇ。

野村：そういう目におうたことがあるの。私らぁ、あるのよ。

野村さんは山田さんや私に促されて機銃掃射にあったときの体験を、今体験しているかのように臨場感たっぷりに語る。「バババババッと」「パラパラパラパラー！って」といった擬音を使い、スピード感も表現している。感情が昂ぶってきたときには言葉の詰まりや重積が起こり、発話のテンポも速まっている。鈴木さん、川野さんそれぞれの死との近接記憶も喚起され、まるで同じ場所で体験していたかのようにそれぞれの記憶が共振している。

(6) 定型的語り

機銃掃射の記憶で共振し盛り上がった空気の中、ひと息つくように「よう生きたもんだ」という語りが挟まれる（⑫）。すると場の雰囲気は一気に緊張から弛緩へと向かう。

川野：(笑) よう生きたもんだ。ははははは。

野村：当たったら大ごとだがな（笑）。

山田：あんたらは、一線におった [兵隊より難儀しとんさるなぁ。

鈴木：　　　　　　　　　　　　　　[えかったんだ。わしゃ、ありがたいなあ思うたけぇ、あんとき。

野村：あの頃はわかりゃあせん、無我夢中だけぇ、わかりゃせんがな（笑）。

川野：外へ出りゃ、こわいけぇ、電車の中で [じっとしとったぁな。

野村：　　　　　　　　　　　　　　　　　[だけぇまぁ、いろいろまぁそりゃ、怪我をしたものも不公平なことがあっても、命が助かっただけでもええと思わにゃ。はははは。

山田：ああ、そがぁだなあ。

川野：いや、ほーんとだぁな。みな、あんな苦しみにおうとるんだぁな。なあ、若い頃にな。

「よう生き残った」「運がえかったんだ」という定型的な語りは、必ず場が盛り上がった場面でガス抜きのように誰かから発せられて、弛緩した和やかな空気をもたらしている（⑫、⑭、㉖、㉚）。先ほど語られた死と近接した緊迫した記憶も、ここでは遠景となり客観的に距離をもって語られる。

その後も、すぐにまた鈴木さんの「爆弾が落ちるところを見たことがあるもの。動く電車に撃つけぇね」という語りから、口々に空襲の時の個別の記憶を語り始める（⑬）。そして「えかったなあ、仏さんが助けてやんさったんだろういうて」と、また定型的語りが入り、「空襲警報いえば電気を消して真っ暗にしてな」「うちらの時代はみな空襲でやられとるなあ」と集合的記憶が語られていく（⑭）。

(7) 記憶のずれ

この後野村さんが再び機銃掃射の話を繰り返す（㉕）。そして「今は笑い話だがあれが当たっとったら大ごと」など「よく生き残った」という定型語り（㉖）の後、野村さんが「それでもわしらは原爆にあわんかったけぇ、よかったね」と原爆の日を回想しはじめる（㉗）。

野村：大阪におったと思うんだ。[確か大阪におったような気がする。あの原爆の日にはねえ。
鈴木：　[はあ、私も大阪で見、私も見ましたよ、原爆は。
山田：うん。
野村：終戦の日に。はよう言やぁねえ。
鈴木：はぁ。大阪で終戦になったかね。わしらはあっちこっち歩きよったけぇねえ、挺身隊で。
野村：ああ、そうだろう。わしらは大阪で終戦におうた。
鈴木：はあ。
野村：そいだけぇねえ、あの、[あの原爆はね＝
鈴木：　[そうそう、大阪でおうたんだぁ。
野村：＝あの原爆が落ちたとき [は、空がもうね、もう、だーっと[なってね＝
鈴木：　[あれは私もおったもん。　[真っ赤になってね
野村：＝曇っとるようになってね、白うなってね、[空が白うなっとったね。
鈴木：　[白うなって……そいから終いには赤うなったんでね。
野村：大阪から見たんだがね、空が白かったよ。
＊　：はあ、大阪から見ても、空が白く見えたんだ。
野村：そうそうそうそうそうそう、あんた、もう、雲がかかったようになったんだ。原爆が落ちて。早う言やぁ、原爆が落ちたんだ。あれは、なしてだろうか？って言いよったが、その日は、原爆の、あの、終戦だったけぇ。
鈴木：そうそう。ねー。

野村：その日、あの日、一発で日本が降参したんだけぇね。

鈴木：あれは白だったかいね？……原爆は。

野村さんは原爆が落ちたときの様子をありありと想起している。鈴木さんと野村さんの空の色の記憶は食い違う。鈴木さんは野村さんが空が白かったと言うのを聞いて、いったん躊躇するが、最後には赤くなったと主張する。やがて野村さんの話は原爆が落ちた日が終戦だった[24]という話に移行しているが、鈴木さんは相変わらず空の色に固執している。これは、個人的記憶は会話をとおしてその整合性を確認したり修正したりしながら他者との記憶との間で共有できるものとなり、集合的記憶のなかに位置づけられるということを示している。

(8) 共同性の確認

しかし上記のように記憶を照合しようとする部分は他では認められず、大方は話がちぐはぐになっているのにもかかわらず一見会話は噛み合った形で収束する（⑧、⑩、㉒、㉓）。その直後にはまた、同じ時代を経験しているから話があう、ということが持ち出される（㉔）。

鈴木：そいだが、みな、戦時中とおっとんさるけぇねえ、話があうわぁねえ。

川野：そうなんよ。みな、戦争の苦労を知っとるけぇ。

鈴木：苦労を知っとるけぇ。挺身隊は食べ物がないことがあるんだけぇねえ。

川野：そうだぁなあ。

鈴木：ほんのお粥をちょぼっとよばれて。

川野：うんうん、ほんとほんと。

＊　：お粥かあ。

野村：まあ、あの頃はそがぁに、あんまり内地に帰りたいとは思わんだったなあ。

鈴木：そうそう、ねえ。

野村：別段あんまり、ねえ。

川野：それでもみんな、我慢したんだけえ。

野村：そうそう、そりゃあ［我慢しとる。

鈴木：　　　　　　　　　　［みな我慢した。

野村：我慢しとる。しようがないよ、ねえ。

鈴木：我慢せにゃ、しょうがない。

ずれた会話が交わされたばかりなのだが、メンバーたちは、同じ時代を生きてきたから話が合うと共感しあっている。「みな、戦争の苦労を知っている」「我慢してきた」というように、苦難の時代を生きてきたという共同意識が確認されているのである。死と接近した記憶が語られて緊張が高まった後に現れる、「よく生き残ったもんだ」という定型的語りもこれと近似しており、どちらも共同性の確認行為となっている。

これは大きな文脈は共有しているという共同認識が存在するためであると考える。会話がずれていても「そいだが、みな、戦時中とおっとんさるけぇねえ、話があうわぁねえ」「そうなんよ。みな、戦争の苦労を知っとるけぇ」と共同性を確認しあうのである。

4. 個人的記憶と集合的記憶

座談会の出発点は、認知症の高齢者たちが戦争の記憶を語ることにみせる熱意や興奮は、死との近接の体験が生々しい生の感覚をもたらすものであり、その記憶を呼び起こし語りあうことが、自己の輪郭が曖昧になりつつある人々にとっての自己補強作業なのではないかという緩やかな仮説であった。実際、座談会のなかで機銃掃射など死と隣接した記憶が語られるとき、最も盛り上がりをみせ記憶の共振が起こっている。それは会話のスピード感や音量の高まり、度重なる割り込み、興奮と焦りとからなる言葉のつまりや重積、擬音や身体感覚の表示などに表れていた。そうした記憶を語るとき、彼らの表情や声は熱を帯びて活性化する。座談会の参加者たちは、それぞれに語りたいテーマを持ち、自分の話題に会話の流れをリードしようと、きっかけをうかがいながら会話をしていた。

座談会を振り返ると大きな流れとしては、集合的記憶から個人的記憶へ、個人的記憶から共有的記憶や集合的記憶へ、また、死に接近した記憶が語られて盛り上がるとステレオタイプな定型的語りが入って緊張から弛緩のフェイズに入るというように各局面を往復する動きがみられた。

アルヴァックスは、人は集団の観点に身を置き、集合的思考の流れのなかに身を置くとき、過去を想起するとしている（Halbwachs 1950＝1989: 19）。「あんな時代だったなあ」という一言で彼らは「あの戦争」の時代を共同想起できる。彼らの会話は同じ文脈に乗っているようにみえながらも、それぞれ微妙に違う個別の経験を話していたり、あるいは全く違う話題を同時に提示している場合もある。この高齢者たちの語り合いには、同じ時代状況を経験してきたという共同性の認識と信頼感が醸成されていた。そうした大きな文脈のもとでの会話のなかで「空襲警報による退避の記憶」や「戦争の日常化と慣れ」のような集合的記憶が語られていた。リクールはこのような個人的記憶と集合的記憶、個人の生きた記憶と所属する共同体の公的な記憶との間での照合作用が、身近な人々との関係性の平面においておこなわれると述べている（Ricœur 2000=2004: 204）。この戦争体験の語りあいの集団は近親者のような身近な人々ではないものの、「あの戦争」という言葉で共同想起できるような大きな体験を共有したという共同意識が自動的に働いていた。

集合的記憶と個人的記憶は相互依存的である。個人的記憶は具体的なエピソードや音や匂いや様々な質感、感情に満ちている。こうした過剰なものに満ちた個人の個別の記憶は会話の中で他者の記憶とすりあわされ集合的記憶へと収斂していく。語り合いながら集合的記憶に入りこんでいるうちに私自身の固有の記憶が引き出される。そして私的記憶も他者に話し、「そうそうそう」と同意を得、他者の体験が重ねあわされることにより共有の記憶、集合的な記憶へと接合される。個人的記憶自体もまた、語られることにより集合的記憶のなかで場所を確認され安定したものになっていき、個人の記憶のなかに定着していく。

第３節　語り合う場はどのように形成されていたか

ガーフィンケルの日常的秩序を破壊する違背実験が明らかにしたように、相互行為は脆弱なものである。戦争の記憶を語りあう高齢者たちは各自、自分の体験を語りたいという欲望を持っており、その目的を果たすべく、会話の隙をついて自分のテーマへ誘導しようとしたり、同時に発話したりする。相互行為の儀礼を再々逸脱し、話がずれて噛み合っていないにもかかわらず、なんとなく噛み合った形で収束する。そして集合的な感情の高まりを見せた後、「よく生き残ったものだ」というような定型的語りがなされ、それを契機に集団の空気は弛緩へと向かう。相互行為は危うい場面をみせながらもなんとか破綻せずに継続し、なごやかに収束する。ここではなぜ相互行為が破たんせず秩序が維持されているのか、この語り合いの場がどのようにコントロールされて形成されているのかを見てゆく。

これは初期のエスノメソドロジーが目指していたように人々がどのような方法を使って活動を秩序づけているのか、相互行為における人びとの方法を知ろうとする試みでもある。

1．座談会のフレーム

メンバーは一般的な会話の順番取りのようなルールには従わず、話者の話の終わりを待つことなく話の途中でも話し始めたり、同時に複数で違う話題を話している部分もある。しかし最終的にその局面では会話は噛み合ったような形で収束していく。前節 3.(4) にもあげたが、次の場面もそうした例である。

山田さんは彼の主題である「兵隊にいったものはみな死んで、自分だけ生き残った」という話からはじまって軍人恩給の話に触れる。そこへ年金がテーマである野村さんが反応する。この場面での会話の中心の山田さんは、息子がなんでも買ってくれるので金は必要ないのだと話し、息子の仕事の様子に話題が移っていく。しかし他のメンバーは、文脈の転換についていっておらず自分のテーマを展開しようとするため会話のズレが生じていく。

山田：そんだが、うちらのところでね、18、9、20歳《はたち》が兵隊に志願したんだ。志願してね。

鈴木：志願の人も多かったんだぁね、あのころはね。

山田：あの、どがぁいうんだ……海軍にとられりゃ、だめだけぇいうて、ほんで今度、志願して、陸軍へな、行ったものは助かった。海軍へ行ったものは一人も戻りゃせん。そんだけー、わしらもね、本条さんが、中隊のそれへ入れてくれたけーな、行かんですんだんだ、南方へな。南方へ行ったものはみな死んだ。ひとりも戻りゃせん。

野村：そうだろ[うなあ。

川野：　　　　[そりゃ、かわいそうななあ。

鈴木：かわいそうだてーな。

山田：それでも恩給はくれらぁ。

野村：そりゃあくれる、戦争に出とればな。

川野：それでもええな、恩給[が出て。

鈴木：　　　　　　　　　　[私は挺身隊だけぇ(　　)。

山田：そういっても、もろうても50万だか……。

野村：いやいやいや、あがぁいうが、あんた、現代並みにくれるんだけえ（笑）。昔みたいにわずかしかくれんことはない。あの頃は儲けがえかった。

鈴木：それはえっとはもらわれんがね。

山田：それはありがたいわな、いや、ほんと。今頃、金はいらんがな、ひとつも。

鈴木：隊長しとりました。あの頃は燃えとった、若いけぇ戦争に燃えとった。

野村：残るばっかりだろう（笑）。

山田：残るばっかりってな、子供がおるけぇ、こういうのも ((ズボンを指す)) くれるんだ、みな。買うてくれる、子供がな。[ほんで子供には金はいらんちゅうんだ。

鈴木：　　　　　　　　　　　　　　　　　　[だけぇ私らもね、天皇陛下にね、お手紙書いてね。

山田：子どもはな、K市の製鋼所[に行っとる。

野村：　　　　　　　　　　　　[そりゃあんたね、戦争行っとりゃ金は不自由せんわ。

山田：K市の製鋼所に行ってな、[あの船の中の検査を監督でな、見て歩くだけー＝

川野：　　　　　　　　　　　[ええとこいっとるな。

鈴木：(　　　　) 食べ物もつけてもらった。あの頃は東京におったけーね。

山田：＝ここがええとか、ここを修理せえとか。それをするんだ。行けばいばっとらぁ、ネクタイども結んでから（笑）。

野村：ははははは。あの頃は兵隊はいばっとったんだけぇ。

川野：そりゃあ昔は[いばっとったな。ほんといばっとったぁな、昔は。

鈴木：　　　　　　[宮城におったんだけぇ。挺身隊の住まいが、みんなで住むところがあって。

野村：(笑) あの頃は兵隊はいばっとったぁね。ほんとなあ。

川野：すっごい、いばっとったなあ。さまさまだぁな。

鈴木：よう忘れん。ここに私らがおったんだなぁいうてね、東京に行ったときに。

山田：女もいばっと[るよー。

野村：　　　　　　[女。女どもが一番損だぁね、私らが一番損。働いた。あれ、ずーっと私ら、ずっと。私らの年代がいちっばん損よ。

川野：[そうだなあ。

鈴木：[横に神社があったが。神社があったんだが。

野村：ちょうど20年にすんだんだろう。20年に20だけえ、どうもならんのだ。

川野：ハハハハハハ、運が悪いんだな、うちらは。なんにもありゃせん。

野村：だなあ。ないけえなあ、な［んにも。もうちょっと年を拾うとりゃね、もらえるんだが。

鈴木：　　　　　　　　　　　　　　　［ない？なんにもないかね。行きんさったかね、どっかに。

この場面では、はじめ山田さんが会話の中心である。彼の中心テーマ、自分以外みんな戦死した話が展開される。しかしすぐ後に山田さんから口にされた「恩給」という言葉に野村さん、川野さんは反応して、野村さんのテーマであるお金の話に移っていく。鈴木さんは挺身隊の記憶が喚起され、会話のトラックは二つに分かれて平行線して進んでいく。鈴木さんは次々に挺身隊の記憶を喚起させ、宿舎の横に神社があったことも想起していく。

山田さんの話題はやがて製鋼所で働く子どもに移り、職場で子どもが「いばっている」という話になるのだが、野村さん、川野さんは文脈の転換についていっておらず「いばっている」という言葉から「兵隊」を連想して、昔兵隊がいばっていたという話を繰り返す。「息子」から「いばっている」の方へズレていくのだが、そちらの文脈にうまく合わせるように山田さんは「女もいばっとるよ」と応じるのである。すると今度は野村さんが「女」という言葉から「女が一番損」という、年金ももらえず一番損をしているという自らの主題につなげていく。それに川野さんが応じ、それまで自分のテーマの天皇と挺身隊の話を続けていた鈴木さんも合流する。このように文脈がずれても、それに合わせる軌道修正が行われて最終的には嚙み合った形で収束している。

次にあげるのは、戦時中の食がテーマとなっている部分である。デイケアでのグループ活動が終了し、おやつの時間となったのだが、この戦争の語りのグループの話はまだ盛り上がりを見せていたので、おやつとコーヒーを飲みながらの会話となった。そこで自然に戦時中の食について話題となったのである。

野村：あの頃は若かったしね、仕事も苦にならんし、[やりよったが。
鈴木：　　　　　　　　　　　　　　　　　　　　　[そうそう。
野村：そうだーなあ。ほんっとほんと。
山田：それだがあんたらは難儀をしておんさるでのう、あの戦時中には。
野村：そうよ、難儀をしとるよ。仕事をしとるもん。
鈴木：食べるもんがね、ほんと、やれんかった。
野村：食べるもん、それがあんた、何を食うとったか覚えちゃおらん、ハハハハ、かつれて（飢えたように）食べよったが、ハッハハ。
山田：中支は……
野村：あれは何やら食わせよったで。大豆の米の御飯やら食べらせよったがね。
山田：中支の方はええがね、食べるものがあるけぇ。
鈴木：中国は食べるものが悪かった。
山田：中国は食べるものがあるけぇなあ。
鈴木：悪いけぇねえ。
山田：そいだが、シベリアはないんだけえ。
鈴木：そいからあの、麦飯も堅いようなしねえ。
山田：うん。いろいろ [……わしらも中支はえかった。
野村：　　　　　　　　[なんかしらん食わせよった。なんかしらんがねえ、米を食わせよったよ。
山田：中支に５年ぐらいおった。
野村：外米だあ、外米。
＊　：外米？
野村：米が長いんよ。米が長い。そいでねえ、私はね、まぁ[白い、白いけぇねえ。
川野：　　　　　　　　　　　　　　　　　　　　　　　　[細ながーい、こん

な細いのね。

ここで中国での食糧事情がどうであったかという問題について山田さんと鈴木さんは正反対の主張をしているのだが、それが対立するわけでもなく、食糧事情の関連から野村さんが発言して自然に外米の話題へと流れて行く。このように平行線の会話の部分があってもテーマの大枠からははずれずに噛み合った形で話題が収束するという流れになっている。

ゴフマンは、人々がさまざまな状況において行為を行えるのはその状況を定義できるからであるとし、その状況における経験の組織化原理を「フレーム」と呼んだ（Goffman 1974：10-11）。人々はフレームにより状況を理解し、それにふさわしい行動をとろうとする。フレームは、その状況の中でとるべき行動を規制する枠組みであり、それを媒介に相互作用秩序が達成されてゆく。ゴフマンのフレーム概念は、ベイトソンのフレーム概念に由来する。ベイトソンにおいてフレームはコンテクストと類縁概念であり、フレームは「そのように思考せよ」という「前提」となっている（Bateson 1972=2000: 266-70）。

では、この戦争の記憶をめぐる座談会におけるフレームとは何だったのか。それにはまずメンバー全員が戦争体験者であるという大きな枠組みがある。つまりそうであればお互いの話は理解でき、共感できるものだという前提となる。そうした共通のフレームのなかで安心感と信頼感をもって会話は行われていたとみることができる。こうした信頼のもと、相手は大きくコンテクストをはずすことはないという信頼感があり、話がずれていても雰囲気をあわせて、収束することができる。つまり座談会の趣旨を説明した時点から、共感の構えはできていたことになる。これは戦争体験という大きなコンテクストを共有し、その前提で会話しているというフレームがあるために細かい内容のずれは感知されないまま会話が継続されるのである。フレームを前提とした安心感、信頼感とムードのなかで、本当に相手の発言を理解していなくても形式的な同意を示すことで秩序が維持されているとみられる。それは、たとえば相手の話の途中で「うんうんうん」「そうそうそう」と同意の言葉を重ねたり、「空襲は毎日くるんだけぇな。まぁい日くるんだけぇ」という言葉に「うんうんうん。そうそう、毎日、毎日」と同じ言葉を繰り返すといったやり方で行われる。

2. 感情の高揚と聖なるもの

前章で論じたように、この共感から共振のプロセスは、まず情動伝染が起こって、実際に身体はその状態にないのに、他者のそのときの感情を想像することでダマシオのいう「あたかも身体ループ」が作られ、同じような切迫する恐怖を体感するのである。ミラーニューロンが活発に発火している状態ともいえる。

ファン・ヘネップは人生における年齢や社会的位置の変わり目における儀礼を通過儀礼とよび、分離・移行・再統合の段階を示したが、自己意識を持ちながらも自己の統合が緩みつつある認知症高齢者たちは、この移行期にある境界的な存在ととらえることができる。ヴィクター・ターナーは、この境界の領域において顕在化してくる共同体であるコミュニタスを論じている。ターナーによれば、コミュニタスとは制度化された日常のコミュニティからは自由であり、そのなかで共感や連帯感を体験するようなつながりである（Turner 1969=1996, 1974=1981）。ターナーは「コミュニタスとは『公的な社会的紐帯をこえて人々を結びつける……一つの結合力』である」(Turner 1974=1981: 49) としている[25]。つまり境界にいる認知症高齢者たちのこうしたつながり、共同意識の形成される集まりはコミュニタス的な性格をもち、そこでは共感が体験されるのではないかと考える。

戦争の記憶を共同想起して語りあうという共同作業は、最初にも述べたように、日常のなかでそれが起こるたびに大きな感情的共振を伴うものであり、祝祭的雰囲気を帯びたものである。それは普段はぼんやりとした日常を過ごす認知症高齢者たちに、一瞬の集合的高揚をもたらす。またそれは戦争体験という共通の体験を持たない、世代の異なるものが同席していれば、一種異様な感じ、特異な感覚を感じさせるものである。

この集合的感情の高揚から連想されるものに、デュルケムが『宗教生活の原初形態』で論じたトーテミズム(26)における儀礼がある。デュルケムはオーストラリアの先住民族の社会においてはトーテムが聖なるものと結びついているとし、そうした信念と結びつく儀礼を考察している。トーテミズムは氏族を単位とする宗教体系であるが、通常の日常生活では、人々は小集団に分散して食糧を得るといった経済活動に従事している。デュルケムは、その生活について「その強度はきわめて凡庸」であり、「穀物または食料として必要な植物の採集・狩猟または漁労はきわめて強烈な熱情を呼び起こしうる職業ではない。そのときには、社会の潜在状態が生活を完全に変化のない沈滞した生気に乏しいものにする」(Durkheim 1912=1975 上：388-9) と述べている。しかしこの小集団はある地点にある期間、周期的に宗教的祭儀のために集まる。日常生活では分散して、きわめて凡庸な変化のない生活をしている者たちが儀礼のために集合することによって劇的な変化が起こる。

> 集中しているということそれ自体が例外的に強力な興奮剤として働くのである。ひとたび諸個人が集合すると、その接合から一種の電力が放たれ、これがただちに彼らを異常な激動の段階へ移すのである。表明された感情は、それぞれに大いに外界の印象に鋭敏な全員の意識の中で抵抗なしにこだまする。すなわち、そのいずれもが交互に他のものに反響し合う。(Durkheim 1912=1975 上：389)

「集合的沸騰」と呼ばれる状態であるが、これは「情動伝染」、共感のなかでも進化の初期の段階から認められる最も原初的な感情（情動）である。そしてデュルケムは凡庸な「物憂くも日常生活を送っている世界」を「俗の世界」、「彼らの感情を叫びや所作や態度によって表示するので、すべてが通常住んでいるのとはまったく違った特別の世界」を「聖なる事物の世界」とし、「したがって、宗教的観念が生まれたと思われるのは、この激昂した社会的環境における、この激昂そのものからである」(Durkheim 1912=1975上：393) と述べている。つまり「聖なるもの」はこうした集団的感情の高揚から生じるというのである。

一方、冒頭で述べたようにカイヨワによれば戦争や死に接近する体験自体も「聖なるもの」であった。カイヨワは「戦争は、すぐれて聖の本質的な性格を帯びている」(Caillois 1951=2000: 129) とし、戦争と祭の共通性をあげる。「戦争と祭、このときどちらも規範というものが眠りに就く。ともに真なる力といえるものが噴出してくる」(Caillois 1951=2000: 249) とし、「個人にとって祭りへの参加は、かれらの主顕節であるとともに、聖礼式だということができる。戦争への参加も、これと同じである。……戦争の恐怖は、啓示の出現を減らすどころか、かえって増大させる。だから戦争が激しくなればなるほど、その啓示もまた、まばゆいほどの出現をみるのである」(Caillois 1951=2000: 251) とし、祭りと戦争は同じように至高な機能と魅力を持っているとしている。

こうした見地からすれば、戦争体験の共同想起、語りあいというイベントは、一種、祭儀的な性格を帯びていることに気づく。オーストラリア先住民族の日常生活と同じく、認知症高齢者たちはぼんやりとした日常生活を送っているのであり、それが特別な機会に集まり生を切実に感じていた頃の記憶を語り合う。この語り合いの集団においては、まさに戦争体験を語ることによる感情の高揚体験自体をひとりひとりが目的としているのである。デュルケムに従えば、こうした高揚の感情体験そのものが「聖なるもの」である。

3. 身体化された儀礼

しかしトーテミズムの集合的沸騰とこの戦争の語り合いの場を比較すると、秩序の破壊と秩序の維持という点で大きく異なっている。トーテミズムの集合的沸騰は「統制を脱し」「激昂はしばしば未聞の行為に導くほど」になり「解放された熱情は何によっても抑制されないくらい猛烈にな」り、「主役を演ずる者はついには精根がつきて地上に倒れるのである」(Durkheim 1912=1975上：390) と述べられているように、秩序は破壊され、激昂は統制されないまま沸点に達してカタルシスを迎える。一方、戦争の語り合いでは感情的共振が起こって高揚するものの沸点まで達することはなく、この高揚の圧力を下げるかのようにステレオタイプな定型的語りが入って弛緩のフェイズに入り、秩序は危うくなりながらも保たれていく。そしてこの高揚と沈静の反復のパターンが繰り返されるのである。それではこのような秩序維持はいかにして成されているのだろうか。

集合的感情が盛り上がったときに発せられるのが、表1でも確認できるように「よく生き残ったものだ」という定型的語りであることは前にも述べた。これは、共感を高めていくときの「そうそうそう」という言葉と同様に、とくに意味のないものである。これらは前章で述べたように毛づくろい的な言葉である。ダンバーによれば毛づくろい（グルーミング）は肉体的な感覚であるとともに社会的交流であり、儀礼であった。そしてダンバーはこうした毛づくろいから発展したのが「ことば」であり、そのためゴシップや儀礼的なもの、決まり文句が日常の会話の大部分を占めるとしていた。ここでもう一度、言語が生まれる前に立ち戻って、こうした「決まり文句」を考えてみよう。それは毛づくろい、儀礼、社会的交流であるとともに何かのサインを示すものだったのではないか。

ベイトソンは、子ザルやカワウソのじゃれて遊んでいるところの観察から、「これは闘いではない」「これは遊びだ」というメタ・コミュニケーションが行われていることを察知した。動物は言語をもたないかわりに、体勢や表情によって「攻撃」「遊び」などのムードサインを出す。このムードサインを感知しあうことで「これは遊びだ」というフレームを理解しているのである (Batson 1972=2000: 290)。ベイトソンは人間の場合、こうした伝達を姿勢、身振り、顔の表情、声の抑揚、文脈などの非言語的な媒体、つまり身体によって伝達しているとしている (Batson 1972=2000:

290）。ベイトソンはまた言葉であっても「ただの言葉」というものはなく、それは身振りと口調といった身体的なものであり、言葉を「身振りのシステム」としてとらえ直す必要があると述べてもいる（Batson 1972=2000: 50-1）。

動物のムードサインは動物行動学において「ディスプレイ」とよばれる儀礼化した振る舞いによって伝達される。速水によれば、ゴフマンは動物行動学的儀礼の観点を相互行為論に援用して、いかに身体化されたディスプレイを互いに知覚しあってコンセンサスを取りあい維持することに努めているかを分析しているとする（速水 2006: 90-9）。

これらを考え合わせると、この戦争の記憶の語り合いでは、集合的感情が高まりをみせたあとに、緊張を解くようなムードサインが出されているのではないだろうか。切り替えのサインは「よく生き残ったもんだ」というお決まりの言葉を発したときの口調や表情、身体全体が表現するディスプレイによってメンバーに感知され、緊張から弛緩へと全体のムードが転換していったのではないか[27]。このような動物行動学的儀礼が、ここでの相互行為秩序を維持することに働いたのではないかと考える。つまり彼らは身体化されたムードサインを感知しあいながら半ば無意識に相互行為を維持することに努めていたのではないかと考えるのである。

ランドル・コリンズは、宗教儀礼において情動感染が起こるメカニズムを「自分ひとりではなく、ほかの人びとがその場にいっしょにいるからこそ、エネルギーが流れはじめ、伝染性の感情が形成されていくのである」としている。しかしこれだけでは不十分であり、「集団のなかの個人がみな同じ感情を抱くようになり、しかもその感情を他の人たちと共有していることを意識するようにならなければならない」とする。そして「それゆえ、行為は儀礼化されなければならない」のだという。「人びとは、身振りや声を互いに調整しあいながら、ひとつの様式《パターン》を実演しなければならない」（Collins 1982=1992: 62）。このようにコリンズもは身体的な儀礼化したディスプレイによって相互行為秩序が形成されていく機序を述べている。

ジョナサン・ターナーもまた儀礼が感情を制御すること、またそれが無意識のうちに行われることを述べている。ターナーは相互作用の始まりから感情が儀礼により喚起され制御されて相互作用秩序が維持されていく機序を以下のように総括している。「枠組みが定められ、そしてコミュニケーションの形態が理解されると、儀礼が相互作用の経過に焦点とリズムを保ち、相互作用は順調に進む。儀礼はステレオタイプ化した配列をなすジェスチャーであり、そのほとんどは発話であるが、それだけではなく身体と触覚的反応をも含む」(Turner 2002=2010: 265)。

4. 原基的社会の形成機序

このように感情をもとに集まりの場が形成され秩序が維持されてゆく。記憶が薄れ弱まりゆく自己を抱える個人が集まったとき、同じフレームのもとで感情に刻印された記憶を共同想起することで、共通の感情が横溢し、そのエネルギーが彼らを賦活してゆく。そして半ば無意識的に身体化されたムードサインを感受しあいながら相互行為秩序は維持されていく。ここに言葉が生まれる以前の原基的社会の形成機序をみることができる。しかしまた一方で、人々の相互行為は普遍的にこうした動物的なムードサインの交換、つまり視線や表情、身体の体勢、身振り、口調、抑揚、間合いといった身体的なディスプレイによってフレームの転換や秩序維持の多くを負っていると考えることもできるのである。

第４節　無意志的記憶と意志的記憶

第2節でみたように、戦争体験の座談会において彼らはアルヴァックスのいうように、戦争体験者という集団の「枠」を用い、集合的思考の「流れ」の中に身をおいて記憶を共同想起していた。また語り合う現在の時点で個人的記憶も他者の記憶とすりあわされ、修正され集合的記憶へと収斂していた。しかし一方で、私たちが他者と語り合いながら想起する意志的な記憶ではなく、記憶に突然襲われるような、意図せずに記憶がよみがえってくるような場面があった。

川野さんが皇居の塀の記憶を語り続ける場面（⑩）である。その話は特に際立ったエピソードも含まない、彼女の眼に映った単なる塀の描写である。他のメンバーは「塀が汚れていた」という文脈だけを共有してしばらくは儀礼的に話にのっているが、彼女は印象のようなその話を延々と続けていく。これは私たちの日常の会話からすると奇異な状況である。川野さんはその湿った青臭い匂いや質感とともに塀の外観を話し続けるのである。おそらくその記憶は彼女を惹きつけ語り続けさせる力をもっていたのだ。その後にもある言葉がきっかけとなって記憶が惹起されるという場面があった（⑱）。山田さんが「兵隊」という言葉を発したところ野村さんは「昔は兵隊がいばっとった」と話し始め、「兵隊がこがぁに長い剣さして、カチカチカチカチならせよったのを見たのを覚えとる」と音をともなった記憶を語った。湿ったカビくさい匂いや質感を伴った壁、「カチカチカチカチ」と音を立てて通り過ぎる剣の音の質感もともなった記憶[28]は、他者とは共有できないありありとした感触や音、映像とともに想起されている。プルーストの『失われた時を求めて』[29]では主人公が紅茶に浸したマドレーヌを口にしたとたんに記憶のパノラマがひらけるという経験をする。突然過去に襲われる体験である。

> そして、これが叔母のくれた菩提樹のお茶に浸したマドレーヌのかけらの味であることに気づくやいなや、たちまち道路に面した叔母の部屋のある古い灰色の家が、芝居の書割のようにやってきて、その背後に庭に面して両親のために建てられた小さな別棟に、ぴたりと合わさった。またその家といっしょに町があらわれた。朝から晩まで、いろいろな天気の下で見る町。昼食前にお使いにやらされた広場が、買い物をしに行った通りが、天気のよい日に通った道が、あらわれた。そして、ちょうど日本人の遊びで、水を満たした瀬戸物の茶

碗に小さな紙きれを浸すと、それまで区別のつかなかったその紙が、ちょっと水につけられただけでたちまち伸び広がり、ねじれ、色がつき、それぞれ形が異なって、はっきり花や家や人間だと分かるようになるものがあるように、今や家の庭にあるすべての花、スワン氏の庭園の花、ヴィヴォンヌ川の睡蓮、善良な村人たちとそのささやかな住まい、教会、全コンブレーとその周辺、これらすべてががっしりと形をなし、町も庭も、私の一杯のお茶からとび出してきたのだ。(Proust 1913= 2002: 80-1)

これが『失われた時を求めて』において頻繁に引用される無意志的記憶の箇所である。想起しようと意図せずに、とつぜん出現する記憶。ベンヤミンは、プルーストはベルクソンの純粋記憶を無意志的記憶に置き換えて、知性の支配下にある意志的記憶と対立させているとする。そこでは意志的な想起が私たちにもたらす貧弱さに較べ、偶然のきっかけによる鮮明でいきいきとした無意志的記憶の浮上が強調される(Benjamin 1939=1995: 421-6)。プルースト自身、「ル・タン」紙のインタビューに答えてこう語っている。「私の作品は、無意志的記憶と意志的記憶の区別に貫かれています。(中略) 私にとって意志的記憶は、とりわけ知性と目の記憶であって、過去にかんして真実を欠いた面しか与えてくれません」(鈴木 2002: 47)。プルーストは意志的に思い出す記憶は誤りだと信じており「記憶を取り戻そうとすることは空しい作業である。われわれの知性がどんなに努力しても結局は無駄である」(Proust 1913=2002: 74) とも書く。たとえばプルーストは小説のなかで恋人アルベルチーヌのほくろの位置を、主人公が思い出すたびに変化させている。彼は想起されるたびに記憶は変化していくものだということを知っていたのである(Lehrer 2007=2010: 125)。

言語を使って他者との関係性のなかで記憶を修正、再構築していく構築主義的記憶論は、知性の支配下にある意志的記憶を対象としており、無意志的記憶は守備範囲を逸脱するものとなる。もとよりアルヴァックスは記憶の流れ＝思考の流れと考えており、個人に閉じた「印象の流れ」は社会学的に分析することができないとしてベルクソンの記憶論を批判して集合的記憶論を展開した（Halbwachs 1950＝1989: 161）。

しかし現実の相互行為場面において無意志的記憶はその形を表わしていた。そしてそれに野村さんをして皇居の壁の印象を語り続けさせたのである。松浦雄介はベルクソンに拠りながら「過去は構築される対象であるだけでなく現在にさまざまな作用をおよぼす潜在的な力」であるとして「記憶の潜勢力」という概念を提出している（松浦 2005：32）[(30)]。なにかをきっかけとして突然に湧出し鮮明な感覚を再付与するこの種の記憶は、私たちに作用する力をもって生命の躍動を味わわせるものである。私たちの身体のどこかに存在しながら、外的ななにかのきっかけで突然現れ、生の躍動をもたらすような記憶。これはまったく無意識的でコントロール不能の記憶であり、構築主義的なコントロール可能な意識的記憶の概念とは対極にある。こうした無意志的記憶のようなコントロール不可能なものが私たちの意識や社会に及ぼすいきいきとした力を無視することはできない。それは合理性や論理とは対極にあり、非合理で感覚的、芸術的な力である。

第５節　拡大する物語、圧縮される物語

第１章第３節「物語論と脳科学」では、脳の物語作成機能、および物語は記憶の容器であるという説を述べた。ここではこの議論を下敷きに鈴木さんと山田さんの語りに注目し自己物語の作られ方の違いに注目してみる。

座談会の流れのなかで私は鈴木さんの語りが矛盾するのではないかと気づき、徐々にその記憶の信ぴょう性を疑うようになる。そしてやがて鈴木さんは、記憶障害でよくみられる作話[(31)]を行っているのではないかと考えた。作話は記憶の欠損を身近な材料で埋めて物語をつくっていくものであ

るが、本人にはその自覚はない。またすべてがフィクションではなく残存している本来の記憶と微妙に融合されている点が特徴的である。前節でも示したように野村さんが機銃掃射を体験したという語りはメンバーの中で共振をよび、心地よいカタルシスをもたらした。同時に自分も同じような体験を語りたいという欲望も喚起されていく。鈴木さんは挺身隊として東京で勤務し皇居で天皇と会ったという話を披露する。終戦とともに郷里に帰ったが汽車に乗るのに苦労したと語った。しかし山田さんが中国戦線の話を始めると、今度は挺身隊で中国にも行ったという。これは何年か前に中国旅行をした記憶が混同されていると考えられた。

「中国に行っとったんだけぇねえ、戦争で。それも大変だなあ、若いときにみんなでね。……そいからねえ、まあ、中国人やらいろいろね、殺したり殺されたり、ああいうことは嫌だなあ思いました」。(私：最近、中国に行かれたんですか？)「はい、行ってみました。……戦争でね。戦争をするとこを見たんだけー。……はじめて見らしてもろうたんだ、挺身隊で行っとったから。まあ、これはやれんなあと思うてね。『こっちへ逃げとりなさい、弾が当たるけぇ』いうてね」。このように挺身隊で戦闘場面を見学したという話になっている。このように女学校を出てから終戦で実家に戻るまで、挺身隊として東京、大阪、呉、中国とあちこちを渡り歩いた鈴木さんの冒険的な人生が語られていく(32)。

鈴木：はい、上海に行きましたよ。

野村：上海は住んどったくらいのことだろう。

山田：上海、うん、上海、呉淞《ウースン》、漢口……

鈴木：弾を作りに。

山田：わしは中支、中支派遣軍な、あの……どがぁいうんだ、中支、北支、満州、奉天。それまでみな、歩いたんだ。車がないけえ。

鈴木：私も奉天、行ったことありますよ。

山田：はあ、そうかね。

鈴木：奉天におったよ、弾磨きに。

野村：[はあ、あの頃のことは忘れたがな（笑）。

山田：[それだが、あの頃は車がありよったろうがな？

鈴木：車があったね。[みんなで行っとるんだけぇね。みんなで行くんだけぇ。

山田：　　　　　　　[まあね、わしらこそ、車がない。なんにもないんだ。

野村：若いっちゅうのはええもんだね（笑）当時はね。体がいうことをきかん（笑）

山田：それで戦争するっていうて、明治38年の鉄砲で。

鈴木：[中国も満州も出てます。……まだ娘時代。

山田：[なあ、明治38年に戦争をしたろうがな？あんな鉄砲で戦争したって、勝たりゃあせん。

川野：そうだろうなあ。

山田：向こうのはボタンを押しゃあ、150発なら150発、出るんだけー。

野村・川野：はー。なあ。

山田：そがぁなんで行ったって、何になろうか。あんな豆鉄砲でこがぁなことをしたって。

野村：そうだろうなあ。

鈴木：ほいだけぇ私は18まで、じゃない、20歳で帰りました。

このようにメンバーは鈴木さんが挺身隊で中国で弾磨きをしていたという話をそのまま受けて会話を発展させ、山田さんは自分の語りたいテーマを語っているのである。

次は再度野村さんが、機銃掃射の記憶を語り始めた場面である。

野村：そりゃあ、長しゅうおらんけぇねえ。低飛行で、向こうもあんた、狙われとるんだけぇなあ（笑）、日本軍に、狙われとるんだけぇ。撃たれんように、わしらを撃たにゃあやれまあ（笑）逃げるときに。

　[そうよ、飛行機の上におって。わしらが交番の中に入っとりゃ、狙うて

撃つよ。

鈴木：[私らを殺す、大砲の弾がね。撃ったの、目の前で見た。当たらんけぇよかった。うん。落ったの、目の前で見たでね。ありゃあ、忘れられん！

＊　：何を撃ったの？

鈴木：大砲の弾がね、向こうから。あっちの敵のが、落とすのにね、落ったの前で見た。まあ、恐ろしいわぁね。バーン！と破裂するけぇ。

野村：そりゃあね、あの退避しとるところをね、狙うてくるん。

鈴木：うん。いい塩梅に [(　　)

野村：　　　　　　　　　　[空からね、撃つん、わしらを。

鈴木：うん、そうそう。

野村：そいだがね、まあ、当たらんかったわけよ。

鈴木：当たらんかった。

ここでは野村さんが語る機銃掃射の記憶の上に乗る形で、鈴木さんは「私らを殺す大砲の弾が撃たれるのを眼の前で見た」と語り始める。「大砲」という言葉を聞きとがめて私は聞き返すのだが、野村さんは鈴木さんの語りをそのまま受け止めて語り続けている。まるで二人が同じ場所で同じ体験をしたかのように交互に私に説明するのである。その後、「運がよかった」「よく生き残った」という定型的な語りがはさまれるが、野村さんが「それでもわしらは原爆にあわんかったけぇよかったね」と原爆の雲をみた話を回想しはじめる。

野村：大阪におったと思うんだ。[確か大阪におったような気がする。あの原爆の日にはねえ。

鈴木：　　　　　　　　　　　　　[はあ、私も大阪で見、私も見ましたよ、原爆は。

山田：うん。

野村：終戦の日に。はよう言やぁねえ。

鈴木：はぁ。大阪で終戦になったかね。わしらはあっちこっち歩きよったけーねえ、挺身隊で。

野村：ああ、そうだろう。わしらは大阪で終戦におうた。

鈴木：はあ。

野村：そいだけーねえ、あの、[あの原爆はね＝

鈴木：　　　　　　　　　　　　[そうそう、大阪でおうたんだぁ。

野村：＝あの原爆が落ちたとき [は、空がもうね、もう、だーっと [なってね＝

鈴木：　　　　　　　　　　　　[あれは私もおったもん。　　　　[真っ赤になってね

野村：＝曇っとるようになってね、白うなってね、[空が白うなっとったね。

鈴木：　　　　　　　　　　　　　　　　　　　　[白うなって

そいから終いには赤うなったんでね。

野村：大阪から見たんだがね、空が白かったよ。

＊　：はあ、大阪から見ても、空が白く見えたんだ。

野村：そうそうそうそうそうそう、あんた、もう、雲がかかったようになったんだ。原爆が落ちて。早う言やぁ、原爆が落ちたんだ。あれは、なしてだろうか？って言いよったが、その日は、原爆の、あの、終戦だったけー。

鈴木：そうそう。ねー。

野村：その日、あの日、一発で日本が降参したんだけーね。

鈴木：あれは白だったかいね？……原爆は。

(中略)

鈴木：私はええ塩梅に原爆症にならんだった。それでも見ましたよ。

野村：そうだろうねえ。

鈴木：はい、呉で。

野村：ああ、そうだろうなあ。うん。

鈴木：こわいけぇねえ。バーッと落ちたの見てから、ワーっとね、火が上がるけぇ。

＊　：ん、ん？呉で見たんですか？

鈴木：はあ。近くで見ました。離れておらんにゃ危ないいうてね、言われたけぇ、だいぶ離れとったがね。光を見ました。

野村さんは原爆が落ちたときの様子をありありと想起しているのだが、それにつられる形で鈴木さんが自分の物語を作りなおしていっている様子がわかる。鈴木さんははじめ原爆が投下されて空が赤くなったと言い、野村さんの空が白かったという記憶を聞いて迷うのだが、最後には赤くなったと主張する。見た場所も初めは大阪だったが、会話の途中で呉に変わっている。しかし鈴木さんが原爆を見たという主張は野村さんによって「そうだろうねえ」「ああ、そうだろうなあ」と肯定されている。

これまで見てきたように鈴木さんの場合、目の前で展開されている文脈にあわせて自分の記憶と他者の記憶を自由自在に接合させながら自分の物語をつくりだしている。これは記憶障害の作話であり、自分の記憶の欠けたところを手近な材料で埋め合わせていくものであるが、願望を充足するものになる傾向がある。鈴木さんの場合も、残存する本人の記憶の都合のよい部分と他人の記憶を自由につなぎ合わせて、たぐい稀なる経験をしてきた人生をプレゼンテーションしている。鈴木さんの自由奔放な自己物語作成は、記憶の障害がなければ起こり得ない性質のものであり、また同じように忘れていく人々の中で語られるからこそ誤りを指摘されずにそのまま肯定されている。そうした戦争体験の語り合いの儀礼の中で彼女は十分に感情の高揚を体験でき、頬をそめながらいきいきと語っていたのである。前章でみたように認知症の高齢者たちにとって忘れていくことは悲しみであり、恥であった。しかし鈴木さんをみれば、記憶から解放されていくことは、木下のいうように「老いの祝福」(木下 1997) ととらえることができる。

山田さんの場合はどうだろう。デイケア主任は「語り慣れてる。だって表現がまったく一緒なんだ。語尾とかもまったく一緒。もうね、物語になっとるんだと思うよ」という。

山田さんの語りには何度も「わし一人が生き残った。後はみんな戻らん」というフレーズが繰り返される。そして死と隣り合わせの中でも「運命の導き手」ともいえる二人の人物のおかげで生還できたという。その一人は隊の中尉で、彼の経験と機転により戦線で死を逃れることができ、シベリア抑留では過酷な食糧事情のなか、強制労働で組まされたロシア人女性のおかげで飢えをしのいで生き残れたという。

第１章第３節でも述べたように私たちの脳は聞いたことや体験したことのすべてを記憶していたら、たちどころに壊れてしまう。そのためコンパクトに記憶する容器が必要になるのであり、記憶の容器としなるのが物語であった。山田さんのライフストーリーの物語化も、記憶し伝えていくため、語るうちに自然と物語の器に圧縮していったためなのではないか。そう考えると山田さんの語る中尉、ロシア人の女性、この二人とも象徴的に語られていることにも納得がいく。

民俗学者の香月洋一郎は、物語を「人や集団がそれに依ってその存在を理解する構造であり、シンボル世界をもってしかあらわせない認識や価値観である」と表現している（香月 2002: 53）。香月はその著書『記憶すること・記録すること』のなかで、戦争体験のようなあまりに痛切なことは都合のよい形に再生して、伝えられるのであり、それゆえに生き続けることができると述べている。この「都合のよい」とは自分やあとを継いでいく人々に対して賢明な配慮の結果なのであり、自分にかかわる出来事を自分の弱さと向き合いながら意味づけていく自己確認の軌跡だとする（香月 2002）。山田さんの戦争体験は、そうした自己確認作業のなかで語りえる形に選択され、編集され、圧縮されて、物語の形に時を経るなかで固まっていったのであろう。

記憶し保存し、語り継ぐための物語への圧縮と、自己の残された記憶と他者の記憶を巧みに融合させながら変幻無碍に制作される即興的物語。認知症高齢者が戦争体験を語り合う座談会においてふたつの異なるタイプの物語が展開されていた。

第４章　夫婦における記憶と親密性の変容

バーガーとケルナーは『結婚と現実の構成 (Marriage and the Construction of Reality)』(1964) のなかで、結婚を究極の秩序維持装置ととらえ、夫婦は不断の会話により、解釈をめぐって話し合うことにより現実を構築し、維持し、修正していくとしている。また、すべての人間は数人の真に重要な他者により、そのアイデンティティや世界を不断に承認されることを必要としており、それは不断の会話によってなされるとしている。夫婦は語り合うことにより二人の過去を統合して共通の記憶をつくりあげる。彼らは現在の現実だけでなく過去の現実も構築しなおすのであり、再構築される現実も過去も連続して感じられるものになる (Berger & Kellner 1964)。いわば夫婦は語り合うことにより共同で自分たち夫婦の物語を作成しているのであり、木下のいう「合成バイオグラフィー」（木下 1997: 80-87）を作成していくのである。

バーガーらの論考では、夫婦が会話により現実を構築し維持していくということが焦点化され、結婚の時間的経過のうちにお互いが年老いて、会話が困難となるという状況は想定されていない。夫婦のどちらかが記憶を失い、配偶者の顔さえも忘れられ、言語も失われたとき、彼らはどのように日常を、夫婦の関係性を構成していくのだろうか。記憶を失いつつあるとき、人と人との関係性はどのような影響を受け、どのように関係性を維持したり構成したりしていくのか。こうした問いに対して三つの夫婦の事例をとりあげる。

第1節　松島さん夫妻へのインタビュー

1. 漁師町の松島さん宅訪問

漁港近くの狭い路地に面した家が松島さん宅である。玄関を開ける。玄関の正面には生け花を飾るスペースがあり、正月の名残か、松や菊などをバランスよく生けてある。「ごめんくださーい」と声をかけると玄関右手の居間から良次さんが笑顔で「いらっしゃーい」と迎えてくれる。普段から駄洒落やユーモアたっぷりの会話をされ、笑顔がやさしく、漁師のイメージではない。76歳だが頬はピンク色でつやがあり夏にはTシャツ姿も若々しい。ただ一点、漁師の仕事の厳しさを伝えるものは、機械にまきこまれて無くした右手の親指くらいだが、日常生活にはなんら支障はないようである。

古くからの漁師町で家同士がすきまなく建っているため、日当たりが悪く、家の中は昼間でも薄暗い。居間には仏壇があり、綾子さんのベッドやテレビが置かれている。その奥の小さな庭に面した部屋は板張りの台所と食堂である。台所と食堂には様々な生活用品が、いずれもそれなりの秩序を持って置かれている。部屋にはピエロや人形、ちりめんの吊るし飾りなど、妻の綾子さんが趣味で作っていた手芸品がたくさん飾られている。

居間に座ってしばらくすると、おぼつかない足取りで綾子さんが紅茶の乗ったお盆を運んでくるので、デイケアでは想像もできない姿に驚く。「奥様もやられるんですね」と言うと良次さんは「いやいや、初めてだ。何にもやらん。後からくる（影響が出る）けぇ。足が悪いしね」と答える。

綾子さんは良次さんの一つ年下で、やはりこの町に生まれた。小柄で笑顔がかわいらしい人だが、デイケアではほとんど動かず椅子に座っている。綾子さんは紅茶の盆を下ろすとそのまま居間のベッドに座って会話に参加した。

2. 妻へのケア

「それだから、やっぱりこう、漁師になったときすぐね、まま炊き（飯炊き）になるんだね、船に乗ったらね」と話は、船に乗った当時の飯炊きの様子から始まる。良次さんは、昔から料理は慣れていて、結婚当初から食事を作るのは良次さんの役割だったという。

最初、まま炊きになって、それから皆の人におかず、捕った魚をおかずにするとか……。ほんとそれで食事のことは慣れとるから。ほとんどの漁師がご飯、昔は木で炊くんですけぇね。ガスじゃないで。それで重油をちょっとボロ（布）にもらって、機関長にね。それから焚きつけにしてご飯炊くんだ。それで今度、船がローリングするけぇね。なかなかその、水がこぼれるんや。今みたいにこぼれんような設備じゃない。くどが作ってあって、釜かけて、それから火で炊くんだけぇね、船の中で。まあ、出漁なんかすりゃ、船溜まりでやることがあるがな。それで、ほとんど食事のことはできるわけだな。

夫婦は共働きでやってきて家事は慣れているという。今は週４日、デイケアとデイサービスを使い、土曜日は買い物にいく間、妻をみてもらうためにヘルパーを頼んでいるという。見守り中心で家事や掃除は頼んでない。妻は要介護３で大腿骨骨折もしており歩行不安定でよく転ぶ。次に骨折したら寝たきりになるのではと、転倒を一番心配している。

今、一番介護で困っていることと言えば、綾子さんが朝、3時か4時ごろから起き出して、服を着せろと言ってきかないことだという。服を着せて小さなパンなどを食べさせると、安心してまた寝るという。「今日はデイに行く日じゃないといっても聞かない」という。

認知症の発症は、後になって「そういえば、あの時」というようなエピソードを思い出すことも多い。妻は一昨年、孫の結婚式で隣に座った娘がわからず「服装が違うから」と言い訳したことがあり、見当識障害や記銘力障害も出現はしていたらしい。だが家にいる限り目立たなかった。綾子さんは水産加工会社を退職してからは家で趣味の手芸を楽しんだ。掃除や洗濯は綾子さんがやり、夫は料理を担当する。料理をしながら、ときどき綾子さんが人形を作っているのを「どのくらいできた？」とのぞいていたという。良次さんにはそんな日常の一こまがかけがえのないものとして記憶されているのだろう。穏やかな生活だった。しかし前の年の冬、インフルエンザで入院した際、綾子さんは「夫に愛人がいる」と不眠、拒食、不穏となり、次第に嫉妬妄想が強くなり、「愛人が自宅に出入りしている。自分が追うと屋根をつたって逃げる」と訴え、昼夜かまわず徘徊するようになる。刃物を持ち出したり、夫への暴力も始まり、徘徊しているところを警察に保護され精神科入院となる。アルツハイマー型認知症と診断され、薬物療法により妄想は軽減するが、院内で転倒し、左大腿骨頚部骨折のため手術。退院と同時にデイケア通所となる。あまり杖に頼らず歩行可能だが、椅子を確かめずに座ろうとして尻餅をつくことがある。食事は自分でゆっくりと食べるが衣服の着脱は介助が必要で、リハビリパンツを使用し、失禁もたまにある。糖尿病もあり、夫がインシュリン注射をし食事コントロールもしている。今では手芸をすることはかなわず、テレビにも関心を示さなくなったので、良次さんは昭和歌謡などのＣＤセットを購入して聴かせている。

入院の日付などを問うと、良次さんは日記を持ってくる。細かいことも記入されている。前の年の２月３日には「Ａ病院に入院さす。インフルエンザかも」と書いてある。「介護記録みたいな感じになるんですか」と聞くと「そうじゃない、自分のことも書いてある。買い物、どんなものを買ったか、支払いがどのくらいしたとかね」。「浜掃除に行った、とかな。これ、郵便局、お金を出したことも書いとるけぇ。それから、ここのほうは浣腸したやつだな。……いや、書いとかんとわからんもん。何日くらいに便が出たとか。……これ、三角（日記帳の△の印を指す）、みな自力で出したときだな」と私に示しながら言う。「自力で出たときは三角。すごい」と感心していると、「うん、いろんなこと……まあ、自分のことも書いてあるし。日記なんか付けたことなかったがな。これ、何かいけんのう、付けておかんにゃ、ていう気でね。はじめてだよ。日記なんか付けたことなかったのに」

綾子さんはデイケアに来る時には良次さんが身だしなみを整える。口紅も引きドライヤーをかけカチューシャをして、スカーフもセンスよく巻く。「やっぱり、何か人のなかに入られないんじゃ嫌だけぇ。やっぱりちょっと目立つようにしてやるんだがな」と言う。

3. 漁師のアイデンティティ

良次さんはデイケア、デイサービスやヘルパー利用の間に、掃除や洗濯、買い物などの家事をすませる。良次さんには妻の他にも世話してやらなければならないものがある。船だ。一年前に妻が発症して以来、漁には一度も出ていない。しかし船も生き物のように愛情深く世話してやらなければだめになってしまう。この日も私が来る前に船にエンジンをかけてバッテリーを充電しているところだという。

沖は行かれんけぇね、これがおるけぇ。まだ船が生きとるけぇな、船が。まあ、ないようにしてやるんじゃなしに、置いておかんにゃ、私らも張り合いがないしね。船を取り上げられたんじゃ、やっぱりなんかこう、漁師あがったりじゃあな、取るとこない（取り得がない）しな。それでまあ、船さえあればな。朝晩見回りして、船見りゃ、やっぱり海も見るしな。

海と船は良次さんの生きがいだ。妻から目を離せないので漁には出られないが、港湾整備事業の警戒船に漁業会の当番が回って来ることがあるので、綾子さんがデイケアなどに行っている間に出ている。朝は買い物をして船を見に行く。

「買い物行って。船もやっぱり、あの、船も夏中、牡蠣が入るんだね。船の船底に」
「牡蠣？」と尋ねると、
「ああ、貝がいっぱいひっつくんよ。やっぱり取ってやらにゃな、ドックして船を」
「取らんにゃな」と綾子さんも会話に加わる。
「船が出ん。船が走らんようになる。ああ。こんな牡蠣が入るんだけえ。これ、船の方もやっぱり気にかかるしな。やっぱり手入れもしてやらにゃいけんし、それから船も浄化して、船の……」
「底」と綾子さん。
「底をな、塗るんだぁね。やっぱりあの、牡蠣なんか入らんように船底塗料をね」
　このように夫婦で言葉を引き継いだりしながら同じ文脈を共有して話が進んでいく。

4. 夫婦の共同バイオグラフィー

　妻の介護をどのように意味づけているのかを問うと、良次さんは「そうなあ。うーん。どっちが介護するいうても、一緒におりたい思わにゃなあ」と答える。妻が入院していたときも、毎日病院に通い、半日一緒に過ごした。
「行きゃあ、『あれ、ベルが鳴ったから、うちのだろう』いうて戸口で待っとりよった。昼からじゃなきゃ行けんかったしな。午前中忙しいし」
「ベルが鳴りよったけぇな」と綾子さん。精神科病棟は入口に施錠してあり、来訪者はベルを鳴らす。
「鳴りよったな。ベルが鳴りゃ、『お父さんが来たんだ』いうて待っとった。『ああ、お父さんが来んさったよ』いうて看護婦さんが……」
「看護婦さんが言いよったしな」
「毎日行っとった、ずっと。ほとんど」
「まあ言うだけのことはあらぁ」と笑う綾子さん。毎日面会に来る家族は非常に珍しい。

「ご主人の生きがいは何ですか、今は？」と尋ねてみる。良次さんはしばらく考えるようにして答える。

「さあなぁ。どうだろう？なあ。……やっぱり、あれだなぁ。この家、二人で守らんにゃ。息子はあっちへ家を持っておるけぇな。何とか、まぁ、家を守っていかにゃあ」と言うと綾子さんも「守っていきたいね」と言う。良次さんが「二人で」と言葉を重ねる。

「守っていかにゃ、やれんけぇな」と綾子さん。

　すると良次さんが、「松島さん！」と芝居がかって呼びかける。

「はい！」と笑いながら応じる綾子さん。良次さんも笑いだす。

「ハハハハ、しっかりしなさいよ、あなたも」と綾子さん。

「うん。ハハハ。お前にゃ負けらぁ」と続けて、良次さんは、「まあ、沖行きよった頃はなあ、沖の漁があった時なんかな」と、やはり海のことが思われるのだろう、話し始めた。

「忙しいぐらいだったけえな」と妻も昔を回想する。

「それが楽しみで、明日また捕ってやるか。いっぱい捕ってやるか！いうのでな。今、こんな（妻のこと）がこうしとるけぇ、沖はオミットしたようなもんだけぇな。ただ船があるんで、警戒船行ったり、そうやってただ……そいでも海見るのは楽しいよ。うん、ほんと、海へな。いろんな、やっぱり、年寄りは海、見とうなる」

「やっぱり？」と綾子さん。

「うん、朝晩。家でずっとおっても、とにかく海見れば安心するよ。うん」

「朝でも海見たいかな？」と妻が訊く。

「うん、見たい。漁師だけぇ。ほんとよ。海見りゃ、ほんと……」

「すっきりする？」と妻。

「うん。今ごそはなんだが、前はな、あの岸壁からおしっこするんだ。ほんとにな。開放感だ。ああ、ほんと。男に生まれてえかったというようなで」

　そのときの気持ちを再現させているのだろう、生き生きとした表情で良次さんはさらに海への放尿の快感を力説する。「それはいいことを聞きました」と妻がその話を引き取り、皆で笑い合う。そこからまた良次さんは遠くまで漁に出掛けた頃の回想に入っていく。
「前、わしらは隠岐の国に行ったりな」
「隠岐の国？」と聞き返すと、
「うん、隠岐の国。それから対馬、対馬の、そこから朝鮮［ママ］が見えるわね。朝鮮がな。朝鮮に追っかけられたりな」
「あ、船に？」
「うん。警戒船にな。だから対馬から境界線、ちょっと入ったらな。すぐ来る、すぐ来る」
「やっぱり」と綾子さん。「ふーん」と興味をそそられる私。
「今、そのようなことはないが、当時はな、みんな拿捕されよった。あれは昭和30…昭和31年ごろだったけぇな。李承晩いうて、最初の朝鮮の大統領だな。あの頃だぁな、李ラインいうてラインを引いて」
「ああ、李承晩ライン(33)ですね」
「うん、李承晩ライン。……うちらの親父のとこにうちの株でな、あの、福洋丸いう底引きを持っとたんだ」
「船、みんな取られた」と綾子さん。
「みんな取られた。そのとき取られて、三人ぐらい人間おって、わしらは乗っておらんかったがな。それだが、その、三人ぐらい取られて」
「他の人が取られて」と綾子さん。底引き網は２杯でペアを組んで漁をする。２杯で１統だ。
「１杯取られれば、１杯は逃げるんだぁな。スワッと逃げる。１杯はそのまま……それで、それを２遍やられて、２遍取られて、とうとう潰れてしもうた」と良次さん。
「そうだな、とうとう」と綾子さん。

二人が結婚したのは昭和22年で、良次さんが海軍から戻ってきてからである。福洋丸がある頃は、綾子さんも10年近く一緒に働いた。

「よう働いたで、うちらぁ」と綾子さん。
「これ（妻）もやっぱり船が戻るとな、箱を出したり、それから今度、船で炊く薪やなにかを細もう切って、沖で炊くようにな。それから船を引っ張りに出たりな」
「えっとしよったよ」と綾子さん。
「それこそ、今こそなんだが、あの、箱を洗いに。自分の船の箱。そりゃ、捕りゃ千箱か二千箱ぐらい捕りよったんだろう。あの頃、『千捕った』『二千捕った』いうて言いよったけぇ。そりゃイカもありゃあ、タイもバトウも、いろんな魚が。……カレイとかな。カレイが多いな。あれとか、エビとかな。その代わり、ああいう、あのー」
「青魚とか」と綾子さんが次の言葉を代わって言う。
「青魚。サバとかブリとか。それからあの、サワラ。ああいう海の上に浮いとる魚はな（捕らない）。底。だから底引き漁という。それだけぇ、昔行ったのはな、ヨコワいうてね、シイラ、シビ、マグロだな。マグロのこぉまい（小さい）のを捕りに行ったんだがな、対馬へ。朝鮮半島の見えるような所に行きよった。それだけぇ、炊事なんかはお手のものだな」
　大きな船がなくなってしまっても、小さな船に乗り換えて良次さんは主にイカを釣ったという。良次さんがイカを釣って戻れば、綾子さんは競に間に合うように並べる。「あの頃、よう捕ったなあ、イカでもな」と綾子さんが言うと、良次さんは「捕ったよ、イカ。箱で40箱、50箱ぐらい一人で捕りよったけぇな。……競に間に合わんかったな」と回想する。良次さんがイカを釣って帰ると綾子さんが箱に並べ、朝食が終わったら綾子さんは水産加工の会社へ働きに行く。「それだから、わしがご飯つくりよった」
「とにかくよく働いたなあ」と二人は語りあっている。しかしまだ若い頃、結婚する前と子供の手が離れてからは、二人で映画を度々観に出かけたという。
「洋画が好きだった。えー、『エデンの東』だな、それからゲーリー・クーパーの『地上（ここ）より永遠に』、『誰がために鐘は鳴る』。あれ、よかったけぇ？」と綾子さんに同意を求める。
「うん。きれいだった」と綾子さん。
「イングリット・バーグマンが最後のときに」
「呼ぼう？名前を」と綾子さん。
「名前のう、ええシーンだ」二人は同じシーンを思い起こしているらしい。
「ふーん」と観ていない私は取り残される。
「『逃げろ、逃げんにゃいけん！』いうて。『逃げられん、逃げられん』言うのに、逃がしてな。自分が機関銃で一人で守るとこへ。それで二人が死んで。……あそこで終いだが、カッコえかった。『やだー、やだー！』言ってな。『マックー！』言うて……」
「えかった」と綾子さん。
「ゲーリー・クーパーがな」
　良次さんは映画を思い出して場面の台詞を情感たっぷりに再現する。二人は次々に昔観た映画について思い出して語りだす。記憶が曖昧なところは相手に尋ねる。
「坊主のはどういうのだっけ？」と綾子さんが聞く。
「ありゃな、名前、忘れよった。あれ、えー、王女と、それからな、なんていったかな？坊主になってタイの……」
「うん、タイの王様？『王様と私』？」と私もあてずっぽうで言ってみる。
「前のあれがいいよな、あれが。あのー、タイロン・パワーがやった……共演者がよかった」と綾子さん。
「タイロン・パワーも」と良次さん。
「うん、ペティ・ハットなんかいう人なんかも……それからペティ・ラバー、それからこの間結婚した、あー、エリザベス・テイラーのあれがよかったな。何だっけか？『クレオパトラ』。最後に毒蛇で地獄へ行く」
　勢いがついて次から次へと想起していき、止まらない。それからまた具体的な介護のことに話を戻したのだが、良次さんは妻の失禁が多く、紙パンツやパッドを度々買いに行かなくてはならないことなどを語った。

「今日もパンパースとパットだな、あれ、買うてきた。それだけぇ、きらさりゃせんしな。漏らす。それからな、それだけぇなぁ（※小声になる）」

するとと綾子さんが、「聞こえんかったで、今のところは」と笑って問い詰める。良次さんは、「あれ、おかしい。聞こえんかった？」と、とぼける。「うん。もう一遍言うて」と綾子さんはわざと言う。

「もう一遍？」

「うん」

「へへへ」

「ははは。面白かろう？うちらはな」と綾子さんは私に問う。

「うん、面白い夫婦」

「うん。えーと、お世話になりましてすみません」と綾子さんは良次さんに言う。

「いや、お互い、お互い。お互い様」

「今度、私がみるから」と綾子さん。

「二人で一人」と良次さんが言うと、「二人で一人」と綾子さんが繰り返す。「二人で一人」とまた良次さん。「ほんとだ」と綾子さん。

そこに電話がなる。良次さんが電話に出たのを機にインタビューも終わりとした。電話が終わると良次さん、「あんた、魚食べる？魚持っていきんさい。魚をおろすのは得意？やったげようか？なに、世話はない。チョイチョイとすぐだけえ」と言って台所に立ち、流し横の冷蔵庫から魚を出し、慣れた手つきでさばき始める。２、３分のうちに仕上げ、食品のトレーにのせ、ビニールに入れてくれる。「煮付けにするのにいいから、これも持っていきんさい。もうシゴウ（処理）してあるから、あとは煮るだけだけぇ」と、薄桃色の小鯛も持たせてくれる。

妻の介護が最優先の良次さんは、合間を縫って浜へ出かけては、今度は船の世話をする。妻と船の間を往復する毎日だ。ときどき回ってくる港湾整備の警戒船として湾の中だけ船を走らせながら沖を思う日々が続くのであろう。1週間経って、また綾子さんを送っていったとき、玄関の花は菜の花を交えたものに変わっていた。

第2節　藤川さんへのインタビュー

1. 同志としての夫婦

藤川さんの悲しみは妻の記憶が残っていかないことである。インタビュー中、何度も、「記憶が残らない」「思い出になっていかない」ということを嘆いている。

「記憶が薄れてる感じだねえ。かわいそうになるしねえ。どうにもならんのじゃけえねえ。手術すれば治るんならね、いいけど。そんなねＣＴも変わらなく、どんどん、どんどん進んでいく」

アルツハイマー型認知症であり、ＣＴ上では脳の委縮の状態は進んではいないようであるが、アリセプト(34)もあまり効果はみえないようで症状は目に見えて進行していく。要介護度はこのとき１となっていたが、どうみても３には達している。

何かの刺激があったがいいんかなあと思っていたりもする。そう思ってから、あちこち行くんですよ。ちょっとこう、毎日のようにね、「海岸へ行く、海岸へ行く」ちゅうね。と言ってね、海岸へ行って何するんかつったらね、「貝を拾う」っちゅうんです。「貝拾って、何する？」って、「並べる」。ところがね、30、40置いてあるんですよ、貝が。拾ったのをね。並べるのでもない。だから昨日はね、「石を拾いに行く」っちゅう。「丸いんかい？」と聞くとね「長いのが欲しい」って。で、昨日、ちょっと時化とったからね、連れて帰ってきた。同じところへ何遍行ってもね、毎日行ってもね、その、前の日の記憶が全然ないです。また新しい感じらしいんじゃね。で、どこまで行ったかも記憶にないです。わからんかねえ。

それでも正治さんは幸子さんの求めに応じて海岸へのドライブを繰り返す。たとえそれが妻の記憶に残らないとしても。

正治さんと妻の幸子さんは、二人とも教師だった。正治さんは満州で働き、終戦になって日本に戻って中学の教師になり、最後は校長を務めた。最初の中学は小学校と隣り合わせになっており、幸子さんは一つ年上でその小学校の教師だった。正治さんは幸子さんの両親と同居し、二人の息子も妻の両親が面倒を見ながら夫婦は仕事中心の生活を送ってきた。「まるで同志のような夫婦関係だった」と正治さんは語る。

> だから、子どもをみとったんじゃ勤めができんもんねえ。それからもう、じいさんでもばあさんでも、「わしがやるけぇ、ええ、ええ」って「(仕事を) 全部せえよ」って言ってね。帰ったらすぐに、あくる日のことを準備したり、テストをつけたりね。そやから、子どももう勝手にお風呂へ入れて、寝せてしまうんじゃあね。だけぇ、そうだね、下の子が保育園、小学校入ったころだったかな。……まあたまたま、私らでも運動会とかあって代休で取るでしょ。そのときなんかね、帰ってくるとね、「お父さん、お母さん、おる？」とは言わん。「じいちゃん、ばあちゃん、どこ行った？」と言って、親なんかどうでもよかったんじゃ。普段おらんから。で、おらんことにしとったらしいんだね。本人も今でも言う。「おふくろ、親父はもうおらんことになっとったんじゃけぇ」。うん、いつもおじいちゃんとおばあちゃんがおったんよ。子どものことをほっといて、本当、働く一方だった。そんなんじゃったね。

共働きで働いてきたが、教師が多かった時代、教師夫婦の妻の方に退職の圧力がかかり、幸子さんも50歳のときに退職する。退職と同時に乞われて婦人会の会長となり以後10年間、また忙しい日々を過ごす。母親も脳梗塞で倒れ、父親が亡くなったのを機に婦人会も辞して、自宅で母の介護を始める。夫が退職してからは夫婦で介護にあたってきた。母親を看取り、その年に正治さんは僧帽弁閉鎖不全の手術を受ける。順調に回復して夫婦で旅行を楽しんでいたが、宿の浴場から部屋へ帰る途中で妻は迷ってしまう。はじめて認知症を疑い受診する。その後も旅行をするのだが、全く覚えておらず、認知症の症状が目立ち始めデイケア通所が始まる。正治さんは「(介護の) 反動が出たんじゃないかねえ」と語る。

2. 合理的家事

正治さんは夫婦で協力して介護した経験もあり、家事についてはまったく負担感は感じてないという。むしろ合理的、効率的に家事を行うのを楽しんでいる風もある。

「夜の11時から朝の8時までは安いんです。うん、8時から10時ころまでは20円ぐらいかな?うん。で、それを超すと26〜27円ぐらいにポーンと跳ね上がる。で、夕方の今度は5時から8時……うん、5時から11時までが20円ぐらいです。だから、朝早くやってしまったほうが得ちゅうことだね。ははは。だから電気代が安いからね、その間に使わんと損」

「あ、そうなんですか。そのIHに替えられた理由は、そう、そういうことかな?」

「一つはね、あの、ガスはね、覚えてるから危ないんです。つけっぱなしで行ってまうから。うん、恐ろしいけぇやめた。グラッグラとくらいお湯が煮えよるがね、平気な顔して向こう行っとるけぇ、『こら、こら』っち言うたらね、『はあ?そうだったかいね』っちゅうからね。恐ろしいけぇ、替えた。で、今、全然わからんですけぇ。どうするんか」

今はストーブのつけ方も洗濯機の使い方も全くわからないという。

「かえって、いいのはいいです。でたらめせんから。炊事、洗濯、やれんね、最近は。わからん。だから、掃除機も最近、どうもわからんらしいねー、どうするのか」

しかし正治さんはこうした先回り対応が本人の能力をよけいに落としてしまう危険性についても気づいており、料理は一緒に行ったりするという。

「だんだん、だんだんひどくなってく感じする。で、時々させるようにするんじゃがね。少し離れとってみたらね、キャベツなんかでもようけようけ切っとったりするけえね」

妻に手伝わせるとよけい手間がかかったりもする。しかし料理や洗い物を一緒に行ったり、洗濯ものを干すのを一緒にするなど、男性介護者の場合、リハビリ目的でそうした作業を一緒にする例もデイケアの中では多かった。

だから、起きてね、まあ、やることっていえば、お湯沸かして、朝ご飯準備して。まあ、だいたいね、あれの起きるのはね、7時ごろ。ストーブつけたりね、ぬくくして起こすから。それから、のっこら、のっこら何か着替えをしたり、トイレ行ったりして。顔洗うのは7時半ぐらいだね。8時までに洗濯機回してしまって。あれと靴下。手で洗ったほうが早いっていう。晩、漬けといて、朝、ちゃちゃちゃっと洗って、こんだけ。そのほうが楽な感じ。で、それ知らなかったもんで。去年、何かでひょっと読んだらね、汚れの落ちないのは夜、漬けておきなさいっち。石鹸液の中へってね。なるほどなと思ってね。そしたら、落ちる、確かに。……それから、どっちかっていえばね、アクリル系をわりと使ってるんですよね、綿だけ使わんと。なるたけ横着するように考えます。

家事の情報は新聞やテレビなどにアンテナを張って仕入れているという。新しい知識を得るのが楽しいらしい。そのほかにも正治さんは私の知らない豆知識を教えてくれる。

3. 記憶に残っていかないこと

藤川さんは、１回のインタビューでは時間が足りず、2度目のインタビューをお願いした。朝は正治さんが車で送ってくる。車から二人が降りてくるところが見える。小柄でやせ形で機敏な動作の夫とくらべ、幸子さんはふっくらとしており、ゆっくりと歩いてくる。デイケアの玄関を入ると、幸子さんは品よく高めの少し甘え声で「おはようございます」と笑顔であいさつする。そのまま幸子さんはスタッフが手洗いに誘導し、正治さんには話の続きを伺うために応接室に入ってもらう。

インタビューを通して、正治さんが何度も訴えたのが、妻に記憶が残っていかないこと、思い出が残らないこと、であった。冒頭にあるように毎日、妻は海へ行きたがる。しかし行ったとしても、それが記憶に残らない。

なるべく通すようにするんですがね。まあ、それっていうのも、行かんかったっていってもね、文句言やせんけどね。それを根に持ってどうこうするっつう頭ないから。そのときは過ぎてほかのこと一回終ったら、もう前のこと忘れてしまうんだからね。今朝もね、「こんな不便なところにおるんだ」、「もう家帰る」ちゅうてね、「ここがお前の家じゃろうが」って言うと「ふーん」って言う。「海が見えるとこがいいって言うんで、ここに造ったんじゃろうが」ちゅうたら、「そう言ったかいねえ」って。だからね、自分の家におっても、自分の家っていう記憶がないんです。……何遍行っても、何回同じとこ行っても「この辺でいいんか」っちゃあ、「うん、いい」。で、そうだねえ、5〜6分ぐらい海を眺めたら、「もう、帰る」っちゅうんです。そいで、行く途中のことなんかも全然記憶にない。

過去の記憶を喪失し、少し前のことも忘れるようになり、今現在のやり取りのみが妻との接点となる。

だけど、何をしたかもいっそ記憶にないですね、本人さんは。「今日、何をしたのか？」「知らん」「歌を歌うたんじゃろ？」「歌わんよ」とかって言う。歌った記憶がないんですよね。それからチョコレートを作った[35]のはわからん。……

うん。で、持って帰ったですよ。「これ何だ？」。自分が作ったんですが。もらったっていう気もないし。今現在を生きているんです。

妻は「今現在を生きる人」になっており、思い出を語り合うことはもはやできない。夫婦で作る共同物語は、一方の語り手をなくして空疎化しはじめる。記憶が残っていかない寂しさを正治さんは何度も繰り返す。

あんまりもう遠くには行かれんなと思う。どこまで行ったにしてもね。うん、全然記憶ないんだから。おととしの分もその前もね、全然記憶ない。だめですね。思い出が残らないんですよ。ねえ。自分の記憶でないんだからね。行った所がわからない。

「それはやっぱり淋しいことですね」と問いかける。

確かに寂しいのは寂しいね。話が通じないんだから。「どっか行こうか」ちゅうてもね。今朝だってね、行ってもね。全然記憶が無いでしょ。どこ行っても駄目なんだもんね。その場の事がわからない。じゃけー。16日の日かなんか、あの時、何かあの、お別れ会か何かあったでしょ？ 15か16日に何かケーキ買いに行ったと聞いたから、帰りに車の中で聞いたんよ。「今日プライム（大型スーパー）に行った？」って、「行きゃせんよ」ちゅうて。（スタッフに）聞いてみたら、自分であの、カート押して歩いたんだって。普段私が押すからね。押させてもらえる。「押させてください」ちゅうて、てまえで押したってこう言いんさったんよ。聞いたら「知らんよー」。全然わからん。例えば、何か、夕方になると買い物に行かんといけんという頭だけはある。昨日はね、鳥の唐揚げとお煮しめの出来たの、出来合いを買ったの。自分で勝手に持って来てね、「これ食べる」ちゅうて。うちに帰ったらね。「これ、誰が買うたん？」ちゅうて。

その場ではコミュニケーションが成立しているように見えても、記憶として残っていない。少し後に尋ねれば、それはもう覚えていないのである。

でも、確かにね。寂しい気がするね。どうこう言うてもわからんからね。「どっか行こうかー？」ちゅうても「うん、行ってもいいねー」って、どこ行くって気もないしね。行っても全然覚えてないから。先月ちょっと実家へお墓参り、行ったんです。全然意識ないね。妹が一人いるんだけど、家内のね。それも意識がないね。それからね、自分の子供がどこにおるかもわからんし。親が死んだこともわからない。再々言いよるね。今朝も言いよったから。「母さん、どこ行ったかいね？どこ出ちょる？」言うから「ありゃ、もうお墓だよ」ちゅうたら、「ああ、死んだんかいね」ちゅうて。一日、何べんでも言いよるから。

正治さんは妻のことを「今を生きている」と語った。実際、現在進行形の相互作用は一見成り立っているようにみえるが、空疎化しており、彼女のなかになんの痕跡も残さない。彼女は未来に向けて記憶を残せないだけでなく、近い方から段々に記憶を失くしていき、父母が亡くなったことも忘れ、親密な人々の存在すら忘れられていく。悲劇的なことには、彼女はデイケアにいる間、過去を生きており、そこには父母がいるものの、夫である正治さんや息子たちは登場しない。彼女はデイケアメンバーたちと次のような会話を交わしている。他のメンバーが娘夫婦への不満と寂しさを語ったときの幸子さんの反応だ。
「うちは父がね、70……4、5じゃないかと思うんだけどね。うちは必ずね、夕方の5時になったら『お父ちゃん、帰るよ』いうたら、必ず帰ってくるん。『お父ちゃん、帰った』いうて喜ぶん。それから母は、炊事の一生懸命、練習をする。私も手伝うがね」と自慢げに言う。他のメンバーが「じゃあ、一人っきりになったときがね、絶対、苦しいと思うよ」と言うと、「そうよね、今は母がおるからよね。それでね、母はね、とっても器用なんですよ。着物でもね、もう何でも縫う。で、近所の人がね、『まあ、奥さん、すいませんが、これ娘のですが、縫うてくださいませんか』いうて来たら『そりゃ、縫うてあげる』いうてから、ちゃっちゃっちゃっちゃっ縫うとりますよ。私よりよっぽど頭がええです、母が」

彼女は父母に甘える娘になって、父母の自慢話といかに自分が幸せかを満面の笑みで語る。いたたまれず「でも旦那さんもやさしくて幸せよね」と私が言うと、「は、そんなものおりません」と堅い表情になり冷たい声で言う。小学校の先生に戻って唱歌を艶のある声で歌ったり生徒の思い出は話すが、息子の話は出ない。彼女は一番自分が戻りたい時代に戻っている。それは彼女にとっては幸せなことかもしれないのだが、献身的に尽くす夫の事を考えると、彼女のファンタジーを認めたくない気持ちになり、私はついつい夫の存在を指摘している。彼女にとって、徐々に現在の夫との相互作用の意味は軽くなっていき、働き盛りで若かった頃、それから一番幸せだった子供の頃の記憶の世界へと戻っていく。

4. 介護することの根拠

「同じ所へ何べんでも行きたがる。だからね、『山行きたいの、海行きたいちゅうの？』ちゅうてね。「海岸へ行きたい」って言うんだ。毎日、海見ちょるんじゃがね。それでもやっぱり『行きたい、行きたい』ちゅうもんで」

正治さんは妻の記憶に残らないことは承知のうえで、受け容れるようにしている。

「ご主人はそういうのを全て受け入れてあげて？」

「うん。私自身が、何だね。死にかかった。何べん死にかかったかねー。二へんかー。いっぺんは若い頃」

「若い時？大陸の方で？」一体何の話に展開していくのかと私は戸惑う。

「大陸の方で。風邪ひいたようで、熱があると思って医者にいったらね。

『あんた、8度7分あるじゃないかね、はよう帰って寝とりなさい。薬あげるから』ちゅうて。発疹チフスだったの。もう意識ない日が何日間か続いたけぇね。それでやっと、熱が下がってぼちぼち歩ける。だけど歩けんじゃったもんね。トイレに行こうちゅうても壁にこう伝って歩かにゃ歩けんのじゃけん。だいぶよくなったなーと思って寝とったら、夜中にね、ドーンと響いてね。中国の方は地震がないんじゃけぇね、ほとんど。地震じゃない事はわかるんじゃ。『なんじゃったろうか』と言うたら、あくる朝みんなワーワー言いよった。見たらね。寝とった廊下の天井に穴が開いとった。砲弾が落ちとったん（笑）。もうちょっとずれてたら、ちょうど真下だったからね。『ずれとって良かったのう』ちゅうて」
「そこを狙って撃ったんじゃ？」
「じゃない。全然関係無い。何かはずれ玉だったんじゃろーね。大きなだいたいこんなもんだったから、ちょうど。壁にこう、四つぐらいあったね。だいたいね。ちょうどおった所に落ちた。向こう側のほうに。一緒におったんじゃがね。『あー、よかったのー』ちゅうて。わしゃ、死んどったで。人がいっぱい死ぬのを見たしね。……窓からこうして見るとね。一日に四つか五つぐらい棺がズルズル、ズルズル行くんじゃね。死人を運ぶのがね。『また、死んだ』。戦争じゃけんね」
　その後の人生においても、あと二回、死に近づく経験をする。十二指腸での緊急オペと心臓手術である。
「三遍。一度めの時、死んどってもわからんけぇ。ええかと思ってね（笑）。そういう経験があるからあんまり、あんまり気にならないんです」
　すべてを受け入れるという気持ちに至る転機の経験を話していたのだ。
「気にならない？今後のこと？」
「うん。今後のことがね。お互いみな、こうやって、死んでいくんだって気があるから」
「うーん」
「だから、生きてる者はね。必ずいろんな問題が起こるんだから。騒いでもしょうがないから。なるものをそのものを受け入れなければね。どうにもならないでしょう。という気持ちです……諦めたって訳じゃないけどもね。流れに流されなければ、どうにもならないってことです。だから私が先にポコッと先に行くかもしれんし。何とも言われんけどね。今のところ大丈夫だと思うんだけどね。最近はちょっとアレッちゅうことがあるからね。心臓の方が」

この死に接近した経験、とくに最初の満州での理不尽に死がもたらされたかもしれないという経験、そしてそれを運よく生き延びたという経験があるからその後人生で起こることすべてを受け入れるのだ、と語る。しかし夫婦共同の物語制作はストップしてしまった。妻は夫婦の物語からひとり離れ、過去の物語のなかで生きようとする。夫と妻の物語は遠く隔たっていく。

第３節　森さんへのインタビュー

１．森さん宅訪問

ある冬の日、私は玄関横の日当たりのよい居間にて、85歳になるという森修治さんに介護や妻との関係性について話を聞いていた。修治さんは、ある会社の会長職にいまだあり、日中は仕事、帰宅後は介護の日常の中、その日は妻がショートステイで不在のため、久々のゆっくりした午前中を、私のインタビューにつきあい、少し遠くなった耳のため、何度か聞き返しながらも、ゆっくり誠実に答えてくださっていたのだった。南向きの庭に面した居間で森さんは「あれは美郷苑（ショートステイ先）やから、最近はおらんと寂しいわ。ね？ははは。気持ちがだんだん、なっているんですよ、こっちもね」と語る。

駅から近いにもかかわらず、静かな住宅地にある森さんの家。いつも夕方、病院の車で送るときには、奥さんを迎えるために会社から戻ってきた修治さんの車は、今日は車庫の中。迎え入れられた玄関にはたくさんの鉢植えが置かれていた。玄関を入ってすぐ右の応接間に通される。応接間にはじゅうたんの上にこたつがしつらえてあり、ファンヒーターで部屋が温められている。部屋の南側の前庭に面した窓の側に大きなランの鉢植えが置いてある。秀治さんは私を応接間に迎え入れると、すぐ奥のキッチンに入る。こたつに座って見渡すと、部屋はとてもきれいに片付けられているのだが、部屋の隅には見落とされた小さな綿埃がひとつ。陶器の触れ合うような音がして、しばらくするとお盆に載せた紅茶とお菓子を持ってくる。「娘が用意していってくれたんだけど」といって勧めてくださる。

2. 関係性の転換

森さんの妻はアルツハイマー型認知症で、すでに重度となっている。要介護度５でデイサービスを２つ、デイケアを１つ、毎日、日替わりで利用しているのだが、月に２、３度、この日のようにショートステイも利用する。森さんは、朝起きて準備をして送り出してから、車を運転して会社に向かい、また午後、送迎車の時間に合わせて帰宅して妻を迎え、ヘルパーに引き渡して再度会社へ向かい、また帰宅してから食事を食べさせて寝かせるまでの一日を几帳面に話してくださった。その中には森さんの妻に対する決め細やかなケアが語られていた。森さんは「最近は要領も覚えたし、介護に対する認識も深くなって、気分的に楽になってきた」と語った。

森さんとの会話の場面をそのまま引用しよう。（＊：私）

森：そやから、そりゃ、今、一番楽や。ははは。楽やわ。いろんなね、施設（サービス）にお世話になっとるしね。それに余裕が、気持ちに余裕ができたんやな。前はもう、切羽つまったような気持ちでね、どないしようかと思った。わからんでしょ？どないな病気かね。

＊：うーん。

森：どないしていいやら。ね？皆さんに、あの、ざっくばらんにね、呆けてるんだと。ね？そういうこと、もう、隠さずにね、あれしたら、かえって気持ちが楽になるね。みんなそのつもりでね。それからはどこにも一緒に連れて行く。だから、今はもう私がおる、あれといる時には、もうどこかてあれを連れていくようになった。

＊：最初のころは、なかなかそういう気持ちにはなれなかった？

森：うん。こっちがむしろ恥ずかしいいうような気持ちもあったりね。随分、悩んだけども。まあね。家内が呆けたいうのは、何や、こう世間体が悪いけんな。恥ずかしい気持ちになるでしょう？

＊：うーん。

森：そういう気持ちになるでしょう。そういうことがやっぱり近ごろはないですね。

＊：ふーん。

森：もう開けっ放しでね。やっぱり気持ちの持ち方でしょうね。

＊：ふーん。いつぐらいから、あるいはどういうことがきっかけで、そういうふうに気持ちを転換できるようになったんです？

森：きっかけ？（笑）……きっかけっていうか、まあ……あれですわね。きっかけもないんだが、やっぱり時間が解決したんでしょうね。

＊：ふーん。

森：長い間にね。それと、まあ、夫婦の愛情っちゅうかね。やっぱり、元気な時になかったような、

＊：うん？

森：ね？愛情が生まれてきたっちゅうことですよね。

＊：ふーん。

森：愛情がね。……わからんのだ。

私は森さんに妻に対する気持ちの転換の契機となったものを尋ねたと

き、持ち出された「愛情」という言葉に困惑した。この困惑感を印象深く覚えている。なぜならこのインタビューでは夫婦の関係性の変化については非常に重要なポイントだったのだが、インタビュイーに求めたのは、解釈の糸口を提供してくれるような具体的な言葉、具体的な体験や感情であり、愛情のような抽象的な概念を出されたことに当惑と軽い失望の入り混じった感情を覚えたからである。愛情という言葉のもつ意味について思いをめぐらし「ふーん」と考え込む私に森さんは「愛情がね。……わからんのだ」と繰り返した。文字に書き起こされた森さんの言葉を読むと、「…わからんのだ」と、本人もよくわからない、けれどそうとしか表現できない、という気持ちが伝わってくる。

もう一度、質問を繰り返してみる。

＊：やっぱり、今感じられる愛情は、昔の感じてた愛情とはまたちょっと質も違うもの？

森：違うわね、そりゃ何でもね。ほんとに、まあ、今まで感じとった、私らの夫婦の……、ほんとに、老人になってからのね、二人の夫婦の愛っちゅうもんは若い時と完全に違うと思うね。端から見とっても、気持ちがええんだね。ね？老夫婦がお互いにね、あのー、手をつなぎ合って、ね？そして労り合って、ね？あれ、後ろ姿見ると、若い子が手つないできゃっきゃっ言うのと全然、見たほうの、あれの感じも違ってくるでしょう？だってそりゃ、やっぱり年取ってからの愛情っていうのは、やっぱりね、若い時の愛情と、年取った老夫婦の愛情とは違うと思うんですね。ほんとの芯からのね、

＊：うん。

森：今まで苦労してきた最後のお互いの愛情と思う。

＊：若いころとやっぱり、歳を取ってからとでは、何ていうのかな？夫婦の愛情とか、やっぱり変わってくるもんですかね？

森：変わってくるね、やっぱり。愛情っていうてもいろいろあるんだな

あ。

＊：ふーん。若いころは、どんなふうに感じておられたんです？

森：全然そういうこと感じへん。ははは。

＊：仕事ばっかりで？

森：愛のことなんか……感じる暇なかった。ははは。

先の会話では森さんは若い人の愛を「情熱としての愛」ととらえており、歳をとってからの愛情と区別している。そしてそれを「ほんとの芯からの」「最後のお互いの愛情」と説明する。そして愛情は変容するものであり、「愛情といってもいろいろあるんだなあ」と感嘆したように述べている。そして以前は愛のことなど感じる暇もなかったと話す。

3．森さん夫婦のバイオグラフィー

ここで森さん夫婦の半生を振り返ってみよう。森さんは終戦をある会社のソウル支社で迎えた。その会社の先輩の妻が、現在森さんが住むこの町の出身で、戦後は二人で文房具などの卸しの会社を始める。そしてその先輩の紹介で結婚する。夫婦生活の中で一番の試練として思い出されるのは妻が長女を出産した後、腎臓結核となり長男を流産してしまったことである。始め原因不明だったが、手遅れとなるところを手術で腎臓の片方を摘出する。森さんにとってはこのときの妻の病いの経験がかけがえのない存在として始めて妻を認識したときかもしれない。その後、妻は順調に回復して次女をもうける。

森さんによって回顧される妻は、子供のために洋服を縫っている姿である。

「あの当時、子供の服、子供服なんかも、そうないしね。古い着物、こう、ね、やりかえて子供に着せたりしたでしょう？それをしょっちゅう、こうやっとったから、自分の服でも、あれしたりして、こう、ほどいてなにしておったから、今でも、たまには、持ってはこうやるでしょう？しょっ

ちゅうこうやってね」

森さんは運針の手つきをする。デイケアでも他の作業はもう難しいのだが、ぞうきんは大きなバラバラの目ながら縫うことができる。一方、森さんは高度経済成長の中で家庭の事は妻に任せて仕事に没頭する。その当時をこう振り返る。

森：商売のほうは、まあ商売やからね、苦労して、資金的なあれもあったしねえ。いろいろあったけど。働いてなにすりゃ、何とかいっていたからね。

＊：ふーん。

森：今ごろは働くとこがないというようなね（笑）。何しろ経済はあの当時は上る一方で、あん時はね。今は下がる一方やけど。気力もないし、今は。年取ったら気力もないしな。ははは。

＊：じゃ、お仕事がお忙しかったでしょう？会社のほうで。

森：晩でもね。冬でも、何だ、雪多かったけんね、まだ。まだ昭和30年代になるまでに、ここのグラウンドでもこんなに雪、あったけぇね。

＊：へえ。

森：あの、長靴履いてっても、長靴の上から雪入るぐらいだったんだけぇね。

＊：へえ。そんなんでした？

森：そういう時だからね。商売に行って帰ってきても、やっぱり夜11時、12時だった。

＊：ふーん。

森：今よりもっと働く時間が長かったね。休みなんか、日曜日、ろくにないしね。

＊：じゃ、当時はあんまり、家庭のことはもう奥さんに任せっきりっていう感じ？

森：子供の教育のことは、全然私は……あのー、学校へ行ったことないんです。年に１回か2、3回、父の日参観日とか何かあるでしょ？あん時、ちょこっと顔出して（笑）その程度。みんな家内が、ね？子供のことは、まあ学校行ったり、やっとったが。そういうこともみんな家内がやってた。私は全然ノータッチでね。私は商売一本槍で。

このように森さん夫婦も典型的な近代家族の性別役割分業を生きてきた夫婦であった。夫は仕事人間で家のことは妻に任せきり、妻は家事と夫子供の世話に専念していた。このまま結婚生活は穏やかな終盤を迎えていくように思われた。妻はコーラスやフォークダンスクラブに所属し、友達とも旅行を楽しんでいた。経済的に苦労をかけたわけでもないし、海外旅行にも何度か連れて行った。金婚式を間近にして、夫婦でどこか国内旅行をしようと話し合っていた矢先に妻に認知症の症状が現れたのである。

妻の発症当時、夫はかなり混乱したようだ。十分な生活費を渡していたにもかかわらず、近所にお金を借りて歩く。娘を迎えに駅まで行って（娘が帰ってくるという事実はないのだが)、迷子になり警察に保護される。それでも主婦役割はしみついており、ご飯を炊こうとして電気釜を火にかけて溶かしてしまう。冒頭に紹介したように森さん自身、「切羽詰ったような気持ちだった」「妻が痴呆になるなんて世間体が悪い。恥ずかしいという気持ちだった」と振り返っている。社会的な地位もあり、世間体は人一倍に気にしていたと思われる。妻の変化を受け入れられず、「なぜこんなことをするのか」と妻に対して怒り、指示的になり、できない妻にまた怒るという日々が続いたと娘は述懐している。

しかし森さん夫婦にも転換点があった。森さんは抱え込んで身動きが取れなくなった結果、ベイトソンのいう「底つき体験」にも似た体験をしたのではないか。そしてもう自分ひとりではどうしようもできないと観念した結果、周囲に妻の認知症を開示し助けを求めた。森さんは言う。「妻が呆けたということを周囲にざっくばらんに打ち明けたら、楽になった」と。彼は友人であった精神科病院の副院長に相談し、病院のデイケアに日中妻を預けることにする。周囲の助けを借りようと決意したのである。

4. 夫婦のコミュニケーション

森さんの妻は認知症が進み、もはや夫を夫として認識しているかどうかさえも定かではない。施設の職員も夫もともに「先生」と呼びかける。「世話してもらう人、みんな先生だ（笑）」としながらも森さんは次のようにも語る。

森：……やっぱり、わからないなりに感謝の気持ちはあるんだろうね？
＊：うん？
森：口癖で、「ありがとう、ありがとう」で、もう何しても「ありがとう」でな。へへへ。
＊：そういうのを聞かれると、どんな気持ち、されますか。
森：え？
＊：そういう言葉を聞くと？
森：いや、何でもわかっておるんかなと思って。
＊：ふーん。
森：今ごろ、そんな言葉使う……前なんかよう「バカだな、おまえ」って言うと、「バカ、バカ言いなさんな」って。ははは。「よう、言うたことわかるんかな？」って言うて、笑った。

「ありがとう」という言葉が口癖だとしながらも、その中に妻の自分に対する感謝の意味をくみ取ろうとする。自分と妻とは理解しあえている、妻の反応に通じあえていると納得しようとしているのである。
「何か、まだ、その、感情は残ってるんですね。そやから、あのー、テレビ見ても、ちぃーと悲しい会話や、涙流したりね。歌で楽しかったら手をたたいたりやってるけども」

というように感情はまだ残されており、言葉が喪われても、感情の反応があれば、つながりあえるのだと信じようとしている。またこのような語りもある。

森：女の人が、まあ、あなたたち女性も、小さい時からお母さんたちに、こう頭ね、頭の毛をね、
＊：ええ。
森：髪の毛を大事にして。髪の毛、なでてもらったらうれしかったでしょう。喜ぶでしょう。親もそういう感じでやってから。今もね、朝起きたらね、あのー、髪の毛、といてやるんですよ。
＊：ふーん。
森：やっぱりぐしゃっとなってるからね、「きれいにしなさい」って言って、正面でやってね、こうといてやる。と、がりがり、こうなってくるから引っ掛かるでしょう。「痛いか？」と言えば、「いや、痛うない」、「そうか」。ちゃんととといて、鏡見せて「これ、だれか？」って言ったら、こういうふうになるね。「おい、これ、あんたで」って言ったら「ふーん」て言うて。ははは。うれしかったら泣きそうな顔するね。泣いとるんだろうか？……うれしいんで（笑）。……頭の毛でも、髪といてやるとね、やっぱり思い出すんだろうな、女だから。昔のこととか、母親と子供との間のこと、いろんな、あるでしょ。それが一番喜ぶ。朝、起きてね、一緒にこうしてやるとね、鏡の前でね。喜ぶ。うれしいんだね。

ここには相手の言葉に頼らずとも、相手の思い、相手の世界を理解し、解釈していこうとする強い意志が現れている。彼は妻の髪をときながら、妻に語りかける。「これは、あなただ」と教えても妻は理解しているのかどうか曖昧だ。しかし彼は鏡の中の妻の表情に、泣いているかのような表

情をみて、うれしいから泣きそうな表情をするのだと解釈する。髪をといてもらうという行為は、子供として母に髪をとかしてもらったこと、母として娘の髪をといてやったことを思い出させているのだと読み解いている。このように他人からは容易に理解できない主体となっても、相手の世界に意味を見いだし、理解しつづけようとする。このコミュニケーション困難な相手を理解し、解釈しようとする意志を愛、というふうに理解できないだろうか。

アーレントは、愛の親密圏について、「世界の中に客観的で目に見える場所を持たない」（Arendt 1958=1994: 61）と言い、その無世界性、他者性の不在を辛辣に批判する。しかし他方で、親密圏はときどきに応じて第三者に対して閉じられる必要性もあるだろう。たとえば私が森さんと会話しながらそれを感じたのはトイレ介助の場面についてである。

森：やっぱり、あれでも本人もね、やっぱり、初めは多少感じるとこあって、やっぱり知らん人に言えないし、「嫌だ」って言うね。子供に、特に子供に世話なるのは嫌だっていう感じがあるね。で、私がやっても、たまには、こう、「恥ずかしい」って言うて、「そこ、座りんしゃい、（他の人には）分からないからええ」言うてね、あれするんだけど。

このように入浴場面やトイレ介助など、夫婦のあいだの肌の触れ合いやセクシュアリティーを感じる場面が語られるとき、筆者は目の前でカーテンが降ろされるような感覚を感じていた。しかしそれは決して不快ではなかった。そのように第三者が決して介入できない親密圏があるということが、むしろ私を安心させていた。

しかし私は修治さんの次の発言に戸惑ってしまった。それは、私が、今の修治さんにとって奥さんはどんな存在なのかを問うたときの答えである。

森：ははは……存在いうて……ははは、赤ちゃんだな。まあ、１歳から１歳半、よちよち歩きの。１歳か２歳のぐらいの赤ちゃんだな、ほんとに。まだことによりゃ赤ちゃんのほうが、よういうこと聞いているかわからんし。だけど、あの、いろいろ、こうね、たまには訳の分からんこと話したり、何か言ってるとかわいらしいところもあるし。まあ、ひ孫育ててる思うてる。ははは。そんなもんだね。……そう思っとらんとね。

＊：うん。前の家族会ではね。あのー、多分、自分のね、陰のような存在だってね。何でも、こう寄り添って一緒にして、陰のような存在だっていうふうにおっしゃってたような言葉が印象に残ってるんですけどね。

森：うん。まあね、どこにでも連れて行くし、最近は向こうからどこ行くのも尻付いてくるようになった。トイレ行くのでも「お父さん、トイレ行くよ」って言ったら「うん」って言って、また付いてくる。「おしっこあるんかい？」ってたら「わからん」って。ははは。それから、朝、あのー、ウロウロやってると尻に付いてウロウロして「あんた、ストーブのとこに座ってなさい」って「ここに座りんしゃい」ってここに座らせて、またこっち行くとまた付いてくる。ははは。ほんとに赤ちゃんみたいなことする。

＊：そういう、何か「かわいい」っていう意味？

森：そうやね、ほんとにかわいい。まあ、年取ってるが。ははは。

そしてまるで幼児と遊ぶように妻と戯れている。

森：お風呂は、じゅうぶん、それは二人一緒に入ってもね、広うしたるからいいんですが。

＊：あ、一緒に入られるんですか。

森：一緒に入らないと。こっちは、あのー、まあ、濡れたりすると思うから、やっぱり、もう一緒に、どうせ夫婦だからと思ってね。ね？一緒にしたらね、そうしたら向こうも。たまにはニコって笑って。こう、風呂の中、居眠りするでしょう？だから、「バアっ」って。はははは。居眠りしてると危ないでしょう？たまには頭、洗うてやったりね。

着替えのときも「さあ、お父ちゃんに服を着せてや」と言うと「はい」と言って何かそのような仕草をしたりするという。私は、現在の妻の存在を問うたとき、まさか修治さんから「赤ちゃん」という言葉が出てくるとは思わず、戸惑っている。「認知症の老人を赤ちゃん扱いしてはいけない」というのはケアするスタッフの常識だからであろう。修治さんは私たちスタッフや家族会のメンバーたちにとって、理想的介護者像であった。そのため私は、「影のような存在」つまり一心同体という言葉を引き出したくて、口にするのだが、やはり修治さんから返って来る答えは、「赤ちゃんみたい」となる。

しかし彼の妻との生き生きとしたやりとりの描写を振り返ると、彼は本当にそうした赤ちゃんに対するような無邪気なコミュニケーションを楽しんでいるのがわかる。彼の妻に対して感じている愛情は「ほんとの芯からの」「最後のお互いの愛情」と表現し、成熟した愛の姿、最後に達した老熟した愛の境地を印象付ける。しかし対照的に妻との実際のコミュニケーションは、無邪気さにあふれたものである。そこに現れるのは、まるで母親と赤ちゃんのあいだで交わされるそれのようであり、まだ言葉を理解しないながらも理解するかのように語りかけながら身体的なコミュニケーションを行っているのである。

第４節　困難なコミュニケーションを成立させる感情

森さんから発せられた「愛」という感情にこだわって、コミュニケーションという側面から考察してみる。

ルーマンは心の中のことを不可知として語らず、愛を、権力、貨幣といったものと並んで「シンボルによって一般化されたコミュニケーション・メディア」(Luhmann 1982=2005: 20) と概念化し、「愛というメディアそれ自体は感情ではなく、コミュニケーション・コードである」(Luhmann 1982=2005: 20) とする。この難解なルーマンの愛についての議論を吉澤夏子は、よりわかりやすく説明している。「ルーマンによれば愛は人と人をつなぐメディアであり、親密な関係性の創出を導くコード」であり、「愛とは、個人の心の中にある気持ちや感情ではない。それは、ありそうもないコミュニケーション＝親密な関係を、それにもかかわらず首尾よく実現させるという役割を果たすコードである。それをルーマンは『シンボルによって一般化されたコミュニケーション・メディア』と呼ぶ。社会はコミュニケーションによって成り立っている。コミュニケーションなしには社会は成立しない。受容の見込みのきわめて低いコミュニケーションを受容させる、それがコミュニケーション・メディアの機能である」(吉澤 2006)。成り立ちがたいコミュニケーション、あなたと私以外、他の関係性では理解されないかも知れないコミュニケーションを可能にしているのが「愛」というメディアであるという。

夫は毎朝、鏡の前で妻の髪をとく。鏡の自分を妻が理解できているかどうかは曖昧だ。しかし夫は鏡の中に妻の泣いているかのような表情をみて、うれしいから泣きそうな表情をするのだと解釈し、髪をといてもらうという行為は子供として母に髪をとかしてもらったこと、母として娘の髪をといてやったことを思い出させているのだと読み解いている。他人からは容易に理解できない主体となっても、その相手の表情や反応に意味を見いだし、理解しつづけようとする、こうしたコミュニケーションを可能としているのが「愛」というメディアだということであろう。

しかし「愛」をメディアとして機能的にとらえただけでは、愛のもつエネルギー、力の部分がうまく説明できない。愛とは成立の見込みの少ないコミュニケーションを、それでも成立させようとするエネルギーを持ち、私たちをコミュニケーションへと突き動かしていくもの、つまり、ルーマンの否定した「感情」のひとつだと考えるのが妥当であろう。

哲学者、清水哲郎は、「愛する」とは「相手が今後仕掛けてくるいかなるコミュニケーションにも誠実に応じようとする姿勢で相手に向かうことである」(清水 2000: 138) とする。清水は母の子を愛するという姿勢を例にとっており、「愛する」とは母が子を「看取る」行為として最もよく表現されており、相手を見守ってその要求・必要を見逃さずにとらえて、応じる姿勢を例示している。清水は医療現場の医療者 - 患者間が信頼関係にあるときの医療行為の進み方を念頭において人間の共同行為について考察しているのであるが、この「愛する」についての定義は一般化できるとしている。

脳科学の分野で「愛」を最初に主題化したのが脳神経科学者、松本元である。われわれ人は集団として生きる動物であり、集団の中で生活し、行動する社会的な動物として進化してきた。言ってみれば他者と関わることによってのみ生きることができるのであり、そのために生まれつき人との関わりを求めようとする「関係要求」が遺伝的に備わっているとする (松本 1996: 80-1)。脳においては情動が意欲や行動の根幹にある。脳は外部情報が入力されるとまず情動系において快・不快の判断を行い、行動を起こすべく神経系に命令を出す。情動系が快情報を得たと判断すると、それによって脳の活性が向上し、脳内に情報処理回路が作られる。松本は、脳の活性に最も支配的な情報とは情動であり、なかでも愛は人にとって最大の快情報となるとする。松本は「愛とは人との関わりを求め、人の存在をそのまま受け入れるための価値の尺度ということになる」と述べている (松本 1996: 82)。

これについては、社会脳 (ソーシャルブレインズ) の神経機構を研究する藤井直敬も同様の見解を述べている。藤井は、ヒトの脳には他者とポジティブな関係性を持ちたいという「関係性欲求機能」があるのではないかとしている（藤井 2009: 254）。ヒトの子供は他の動物種の子供と違い、生まれた直後に放置されれば生存できない状態で生まれてくるのであり、そのために生存のための機能としてこの関係性欲求が過剰に組み込まれているとする。そして乳児期を過ぎた後にも社会的行動の基盤として作用し、他の動物種とは異なる複雑な社会行動へと導いていったのかもしれないとしている（藤井 2010: 211）。

藤井は普通の家庭、乳児院、犯罪を犯した母親とともに母子更生施設で暮らす乳児を比較し、乳児院の子供たちの死亡率が他と比較して非常に高かったという精神科医ルネ・スピッツの報告を紹介している。これは明らかに生物学的な生存条件以外に、自分以外の他者との関係性要求を満たすということが乳児の生存の条件となるということを示している（藤井 2010: 202-4）。藤井はさらに、自己の存続のために他者との双方向的コミュニケーションを必要とするのは、出生直後の子供だけではなく、生涯続く基本的な欲求なのではないかと推測している。そして母子関係の構造が人のコミュニケーションの根幹にあり、無条件の存在肯定というコミュニケーションのフォーマットが、乳児期以降の他者とのコミュニケーションにおいても引き継がれているのではないかとするのである（藤井 2010: 206-7）。これを前提とすると森さんと妻との母親と幼児のようなコミュニケーションは、納得できるものとなるのである。妻は夫への関係性欲求から乳児のように後を追ったり、わからないながら何かを話しかけて関わりを求める。夫はそれをかわいいと感じ、その存在を無条件で肯定し、彼女の行動や表情を解釈して身体を通した非言語的コミュニケーションを成立させている。記憶が失われ、言葉が失われていても感情が残されていることを積極的に確認し、コミュニケーションをあきらめない。愛という感情は、成り立ちがたく思えるコミュニケーションをも成立させようとするエネルギーを持つ。森さんは妻と言語的コミュニケーションができなくなっても、感情は残されていることを確認し、感情によってつながれると信じ、コミュニケーションをあきらめることなく親密な関係性を作り続けていたのである。

第５節　夫婦間の物語とコミュニケーションの変容

インタビュー時点では、記憶の失われ具合はそれぞれに違う段階にあったが、ひと組の夫婦がたどるコースとして象徴的な各段階を示しているものとみることができた。松島さん夫婦の場合、妻の記憶はかなり保たれている。楽しそうに昔の漁の様子や浜での労働の様子、二人で観た映画の思い出を語り合い、お互いに記憶を補完したり修正しあっていた。夫婦は不断の会話によって記憶を紡ぎ、現実を構築していることがわかる。

同じように堅固な夫婦の物語を持っているのが藤川さんである。彼ら夫婦は夫婦生活の初めから隣どうしの学校に勤務し、行事も合同で行ってきたという。共働きで二人とも家庭よりも仕事を優先し、妻の母親の介護も二人協力して行ってきた。同志のような夫婦だったと夫は振り返っている。母が亡くなり介護から解放されてからは、ふたりはあちこちを旅行し、美術館や博物館へのドライブを楽しんできた。しかし妻が認知症を発症し、どこへ行っても何をしても記憶として残らなくなった。夫はインタビューの中で、妻の記憶がすぐに失われ、「今、現在を生きる人」になり、思い出を作り出せないことを何度も嘆いた。ふたりの会話は表面的には一見成立しているようにみえるが、皮相的でその場限りであり、すぐに忘れられてゆく。妻の記憶が失われたことによりふたりの会話は夫婦の物語を作りだす力をもはや失っているのである。このことは、夫に深い悲しみをもたらしている。皮肉なことに、夫は夫婦共有の物語から離れられないのに対し、妻は最も幸せだった過去へと退行していき、彼女だけの過去の記憶、父母がいて夫はいない彼女固有の物語の世界に入り込んでいる。夫は自らが死に瀕した記憶を転機として位置づけ、それを根拠として過酷な状況にあってもすべての運命を受け容れるという自らのストーリーを構築している。これは私から聞きだすという形ではなく、夫の方から唐突に、まさに話すべきストーリーとして意志的に語られたことである。この物語を根拠として、彼は報われにくい妻への介護を乗り切り、夫婦を全うしようとしているのである。

森さん夫婦の場合、もはや意味のある会話は成立しなくなっている。夫は、「妻は自分を見ても誰を見ても、世話してくれる人はみんな先生だ」と、もはや自分も夫だと認識されていないかもしれないとしながらも、妻に語りかけ、その反応のひとつひとつを自分なりに解釈し、意味づけ、コミュニケートしようとしている。インタビューの日、妻はショートステイで、「最近はそばにおらんと寂しゅうて」と語り、「今はどこかてあれを連れていく」と語っている。当初、夫は認知症を発症した妻を認められず葛藤を抱える。しかしそれも抱えきれなくなり、ついに周囲に妻の認知症を告知し、助けを求める。このことが転機となって夫婦の関係性は変わっていく。

妻に対する気持ちの変容のきっかけを尋ねると、夫は「時間」と「愛」だと述べる。夫は今の愛情を「ほんとの芯からの」「最後のお互いの愛情」だと説明する。そして愛情は変容するものであり、「愛情といってもいろいろあるんだなあ」と年を取ってはじめて認識したかのように、感嘆した様子で述べている。そうした「芯からの」「最後の愛情」は老熟した境地を思わせるのだが、実際の妻とのコミュニケーションは、これとは対照的に幼児との戯れのような無邪気さに満ちている。森さん自身も、彼にとっての今の妻の存在は「赤ちゃん」だと言い、そうしたやり取りを楽しそうに語る。

私は「赤ちゃん」という言葉に強く戸惑ったのだが、彼はそのように変わってしまった妻と、なんとしてもコミュニケートしていきたいと思った。実際に赤ちゃんに対するように接したならば、妻も喜んでそれに応える。記憶がコミュニケーションの手段として使えなくなったときに、記憶に代わって立ち上がってきたのが感情であった。彼は身体を通じて感情を表現し妻とコミュニケートしていた。感情は、記憶に代わって関係性を保持していく機能を担っていたのである。

終章　記憶と感情の共同体

第 1 節　問いへの応答

本書の問いは、記憶が喪われゆくとき自己はどのように他者との関係性を保って社会のなかに存在しつづけることができるのか、感情と記憶をもとにどのように社会が形成されていくのか、というものであった。

1. 記憶の連続性と他者との関係性

コルサコフ症候群の男性をめぐるエスノグラフィーで明らかにしたのは、私たちが社会のなかで生きるためには記憶の連続性が必須で、それがなけば自己を貫く物語が調達できないということであった。記憶の連続性をもてないことは、時間と人々の間で自分自身を定位できず存在の不安をもたらす。そのため今がいつで、ここがどこで、何のためにここにいるのか、際限なく周囲に問い続けることになる。人は存在の根拠となる物語を切望し、必要とあらば自ら目の前にあるものから作り上げようとする。

私はここで、吉永さんのエピソード記憶の連続性は断たれているけれども、身体はそのまま連続体として残されているのであり、身体的記憶の連続性は障害されてはいないとして、そこに希望を見出していったのだった。一日一日の作業が少しずつ絵画のように全体像として現れてくる作品は、自己の連続性、アイデンティティを確認する手がかりともなり、彼はそれを自分にとって意味のある作業と認識した。つまり障害されているエピソード記憶に代って身体的記憶にアプローチすることによりアイデンティティが確認され安定化につながったのである。

しかし、このストーリーには他者という要素が欠落していることに気づく。では実際、他者との関わりは、吉永さんにどのように作用したのだろうか。最終的には吉永さんには落ち着きが得られ、妻を手伝ったり、それまでなかったような思いやりの言葉をかけるようになっていた。それには他者との相互作用による影響もあるのではないか。

そこで「記憶が失われ、言葉が失われていくとき、親密な他者との関係性はどのように変容するか、関係性が維持されるとしたら、それはどのように可能なのだろうか」という問いを掲げた第4章を振り返ってみる。最も症状の進んだ森さんの例では、妻はもはや自分が誰であるかというアイデンティティのとらわれから解放されていた。夫を夫と認識できているかも定かではないが、愛着を示している。夫は言語によるコミュニケーションが困難になった妻に対しても、表情や仕草などを解釈し、感情で通じあえることを信じてコミュニケーションをあきらめず親密な関係性を作り続けていた。成り立ちがたいコミュニケーションを成立させようという強いエネルギーをもつこの感情を、ここでは「愛」と理解した。記憶がコミュニケーションの手段として使えなくなったときに、記憶に代わって立ち上がってきたのが感情であった。記憶と言語によるコミュニケーションは、徐々に感情と身体によるコミュニケーションへと交代していき、親密な他者のあいだの関係性は維持されていたのである。

吉永さん夫妻の場合も、同じように妻は夫とのコミュニケーションを辛抱強く続けていく。妻はときには家政婦と間違われながらも、夫との夫婦としてのコミュニケーションをあきらめない。このときレインのいう「補完的アイデンティティ」の考え方が示唆的である。レインはいう。「女性は、子供がなくては母親になれない。彼女は、自分に母親としてのアイデンティティを与えるためには、子供を必要とする。男性は、自分が夫になるためには、妻を必要とする。……〈アイデンティティ〉にはすべて、他者が必要である。誰か他者との関係において、また、関係を通して、自己というアイデンティティは現実化されるのである」(Laing 1961=1975: 110)。

ここで吉永さんの妻が彼を夫として語りかけ、接し続けることで、彼は彼女の夫としてのアイデンティティをその都度承認され、与えられ続けているのである。アイデンティティはエリクソンがいうように、人格的同一性と歴史的連続性の両方の意味を含むものであると同時に、レインのいうように他者による承認を必要とするのだ。彼にとっては連続性を確認することのできる作業とともに、彼を彼として承認し、遇してくれる親密な他者との関係性がアイデンティティ確保のために必要であったのだ。このふたつがあって、彼は記憶のある世界との軋轢や動揺、いらだちを抱えながらも、家族やデイケアといった小さな社会のなかで存在し続けることができたのである。

つまり自己とは来歴をもった連続的な自己と関係的自己のふたつが統合されたものであり、記憶の連続性がとぎれて来歴的自己が危うくなった場合には、他者との関係性が関係的自己を強く支えることによって補完される必要があるという結論に至る。さらに記憶が失われるに従って親密な関係性のなかでのコミュニケーションは、記憶を資源にした言語的コミュニケーションから感情を資源にした身体的コミュニケーションへと変化していく。

2. 記憶と感情がつくる社会

「感情と記憶をもとにどのように社会を形成していくのか」については、第2章、第3章で考察した。

記憶が減弱していくことにより自我の統合が緩みつつあるという共通点をもった認知症高齢者たちの間では、集まることにより、感情伝染が起こり、感情のエネルギーは高まっていた。さしたる意味も持たないような毛づくろい的な言葉を儀礼として用いることによって感情を高め、メンバー内に感情伝染が起きる。これは共感という感情の中核にある最も原初的な感情である。言葉をもたない原初的な社会においても身振りや手振り、まなざしや表情などで感情を伝え合い感情伝染が起こっていったのではないかと考えられた。

第3章では、普段はぼんやりした日常を送る認知症の高齢者たちが、死と接近した戦争の記憶を強い感情とともに蘇らせていた。強く感情に刻印された記憶は高揚した感情をもたらし、自己が曖昧化していく彼らを活性化させたのである。同じように戦争を経験した他者の記憶は、また新たな記憶を呼び覚ます。これはある共通の感情的に深く刻み込まれた記憶が他者の記憶も媒介にしながら鮮やかに想起され、感情の共振を体験するという現象であった。同じフレームのもとで感情に深く刻印された記憶を共同想起することで、共通の感情が横溢し、そのエネルギーが彼らを賦活する。そして半ば無意識的に身体化されたムードサインを感受しあいながら相互行為秩序は維持される。ここに言葉が生まれる以前、集合的感情が社会を作り出していく機序を見出すことができた。

戦争の記憶を語り合う人々、ネガティブな体験を共有しながら共同性を形成し喜びを体験する人々。そこには共通の記憶を媒介に集まり、感情を交わしあい、共感しあい、儀礼を用いながら感情の高揚を味わい自己の連続性を補完していこうとする集合的な動きがあった。

第2節　ケアへの提言

1. 共感の先のケアへ

この論文においては認知症高齢者を一貫して、「記憶の力が衰えゆくという弱点をもった個人」という観点からみてきた。そして彼らを、まだ言葉という伝達手段をもたず感情を身体によって伝達していたであろう人々に重ね、原基的な社会の始まりの機序を探ろうとしてきた。そこでは彼らが記憶の衰えという弱さを抱えながらも、どのような力を使ってどのように集まりを構成していくのか、彼らの残されている力、強さの部分に着目した。

彼らが気持を通わすためには、儀礼が必要とされた。まず集まると彼らは会話のなかで年齢を確認しあい（これは戦争の語り合いでも行われていた）、お互いの年齢的位置確認をしながら、毛づくろいのように言葉を交わし合う。これは情報伝達が目的ではなく、親密性を高めるための社会的な儀礼として行われていた。哺乳類の場合、毛づくろいが集団の紐帯を強めるように、人間では言葉がそれに代わり、集まって身振りや声を調整し、儀礼を用いることによって感情を高め、同じ感情を有していることを意識化し、紐帯を強めていく。認知症の高齢者たちはやがて会話のなかで忘れていくことや役割の喪失、家族からの疎外感などの悲しみ、怒り、恥などのネガティブな感情を吐露し、お互いにそれに対し「よくあること」「わかる、わかる」と、毛づくろいのように言葉を交わしあう。このときに彼女たちのなかにはある共通する感情、「共感」が流れていた。

この共感をベースに、デイケアやデイサービスでは喜びという感情をみなで味わうような感情の共同体が目指されるべきであろう。スピノザは、人が結びつきあって共同で活動するときに、活動のエネルギーは高まり活性化するのだとしている。ケアにあたる人たちには共感を土台に楽しい、うれしいといった喜びの感情の共同体の一員となって共振していくケアが望まれる。専門性の高いケアを提供しながらともに喜びをわかちあう感情共同体の一員として共振する、そのような二重の視点、資質がこれからのケア提供者には必要なのではないかと考える。

認知症高齢者にはまだ活動のポテンシャルが残されている。そこへの周囲からの援助、働きかけが必須である。その人の人生の物語りに寄り添い、どのようなことがしたいか希望を注意深く聞き続け、その手助けをすることで、彼らは生き生きとした感情、今を生きているという実感を味わう。このような喜びの感情体験こそが、連続性がとぎれて曖昧化していく自己を補強するものである。援助者は悲しみの受容、共感にとどまらず、そこから先へ、より積極的な喜びの創出へと踏み出すことを提案したい。

2. 介護者へのケア

介護者へのケアも忘れてはならない視点である。ケアをする家族、とくに配偶者は夫婦一体化した生活を送りがちである。そこでは、妻や夫から離れて自分の人生を生きることを支援する視点が重要となる。たとえば第1章の吉永さんの妻は、共依存的状態から自分の人生を生きる選択へと方向転換した。こうしたことが結果的には夫婦関係に良好な結果をもたらした。

第4章の松島さんの事例では、夫婦は共同バイオグラフィーを持ち、インタビューの最後では、「二人で一人」という言葉が交互に何度も繰り返されて終わっている。対幻想とでもいえる部分であるが、夫は妻の介護のため漁師として船に乗ることができない日常の中、少しの暇をみつけては船の世話をしに海へ行き、漁師としてのアイデンティティをなんとか維持しようとしていた。

木下は「バイオグラフィーとは本質的に個的なもののようでありながら関係的なものであり、しかも、その関係性は親密性を特徴とするのではないか」(木下 1997: 136) とする。しかし「老いた夫婦の場合、長い年月を経て堅固な合成バイオグラフィーを形成してきたとしても、老いて衰え死に向かうということが本質的に個的であるがゆえに、共有部分のバイオグラフィーは危機に直面せざるを得ない。そのとき、個別的バイオグラフィーが希薄なまま共有的バイオグラフィーを唯一のものとしてきた夫婦は、老いの現実に際し自分の社会的存在感が根底から脅かされているように感ずるのではないだろうか」とし、「とすれば、個別的バイオグラフィーと共有的バイオグラフィーをどうバランスをとりながら生きていくかが極めて重要な問題となろう」と結論づけている (木下 1997: 186)。

松島さんの場合は、夫婦の共有的バイオグラフィーの他に漁師としての個的バイオグラフィーを持っていることが確認された。しかし漁師としてのバイオグラフィーは彼も意志的に維持しようとするものの、ともすれば夫婦の親密性の強さゆえ、共有バイオグラフィーを優先せざるを得ない現実がある。ここに第三者としてのサービスが関与する重要性があるのではないかと考える。ショートステイに妻を預けられる環境が用意されれば、彼は沖に出ることができ、漁師としてのアイデンティティを確認できる。介護者の個的バイオグラフィーを維持し充実させることは、すなわち夫婦の日常を安定化していくことにもつながっていく。

このように介護者にとってのライフワークや人生の重要な作業についても聞き取り、それを支援していくケアの視点も今後は重要になってくるのではないかと考える。

注

⑴ 精神科病院・診療所に設置された通所医療施設であり、行動・心理症状の著しい認知症患者に対し精神科医、作業療法士、看護師、精神保健福祉士など多職種で精神科医療、リハビリテーション、ケアにあたる。

⑵ 「厚い記述」はイギリスの哲学者ギルバート・ライルの言葉に由来する。「ライルが『薄い記述』と呼んだもの、つまり目くばせを練習するもの（真似をする者、目くばせをする者、自然にまばたく者……）が行なっている（「右眼をまたたく」）という記述と、彼がやっている（「秘密のたくらみがあるかのように、人をだますために友だちがまばたくのを真似る」）という『厚い記述』との間に民族誌の目的があるということが重要なのである」(Geertz 1973=1987: 10)。

⑶ ウェルニッケ脳症が慢性化したものであり、健忘（前向性健忘と逆向性健忘が同時に起こる）、失見当識、記銘力障害、作話を主徴とする。会話能力、知的能力に目立った低下は見られない。

⑷ 吉永さんと同じ症例としてNHKで1996年に放送されたドキュメンタリー『記憶が失われたとき―ある家族の二年半の記録』（是枝裕和制作）があるが、これは術後のビタミンB1を添加しない高カロリー輸液によって起こっている。

⑸ 検温をしたり血圧を測ったり、健康状態を聞く。

⑹ 身心機能を使わないでいること、過度な安静によって引き起こされる機能低下の状態。

⑺ この頃リハビリテーションの現場に導入されたのがＩＣＦというアセスメントとプランのためのモデルである。これは2001年WHO（世界保健機関）が発表したICF（International Classification of Func-tioning, Disability and Health；国際生活機能分類）である。2003年の介護保険報酬改定ではこのICFをもとにした「リハビリテーション総合実施計画書」と「リハビリテーション実施計画書」が導入され、ケアマネジメントにあたってもICFをもとにケアプランを策定することが求められている。

⑻ 映画『レナードの朝』の原作『めざめ』でも知られる。

⑼ 脳傷害により新しいエピソード記憶を記憶できなくなっても恐怖に対する記憶は残ることがわかっている。医師がある日画鋲を隠し持って握手したところ、次の機会からは、医師が手を差し出しても患者は握手をすることを拒んだ。彼女にはなぜ握手しようとしないのかを説明することは出来なかったのだが、何か不安にかられて握手しようとはしなかった。

⑽ 認知科学の第一世代は記憶＝貯蔵庫とする機能主義であり、第二世代は記憶はパターンの固定とし、ニューラルネット理論を代表とするコネクショニスト（結合主義者）であり、そして最も新しいエマージェンティスト（創発主義者）の立場では、これまで認知の周辺にしか過ぎなかった身体や環境世界が知性の「創発」を可能にする外部装置として設定され、身体が環境世界とともに認知の切り離せないループであり知性の資源だとする（下條 1999: 156-7)。

⑾ 福島真人はレイヴらの『状況に埋め込まれた学習―正統的周辺参加』への解説のなかで、同じく構造に規定されつつ、その行為の結果として構造を変化させるという「構造化理論」

を唱えるギデンズの枠組みはブルデューのそれと相当に重なるが、ギデンズが行為者が、行為や状況に対し十分な知識をもっており反省的自己監視（reflective monitoring）する能力を持つと考えるのに対し、ブルデューの考える社会行為者は、はるかに身体化された見えざる慣習的拘束に支配されており、ブルデューは彼らの反省能力に対して覚めた見方をしていると述べている（福島 1993: 171-2)。

⑿ しかしこうした身体化した記憶が忘却されないことが、介護の困難をもたらすこともある。たとえば農機具が使えなくなったり、身体的認知的に無理にもかかわらず農作業をしようとする場合などである。

⒀ コルサコフ症候群の主徴のひとつで、事実でなく、確信もない、場あたり的な、言葉による辻褄合わせを作話と呼ぶ。本人には、作り話をしているという自覚はまったくない。なぜ作話がおこるかについては、記憶の貯蔵の順序、記憶を時間軸上に正しく並べる機構、事実と事実の正確な関連づけ等の機能が障害されることによることが考えられる。

⒁ そのために脳卒中などで左脳にダメージがあると、言語障害が起こってくる。

⒂ 前頭側頭型認知症。アルツハイマー病が記憶力の低下を主症状とするのに対し、ピック病では人格変化、情緒障害を初発症状とする。自制力の低下（一方的にしゃべる、粗暴)、感情鈍磨、異常行動（浪費、過食、異食、収集、窃盗、徘徊)、人格変化、感情の荒廃が高度となる。病識はない。同じ言葉を繰り返す滞続言語も特徴的である。40 ～ 60 代に好発し、前頭葉から側頭葉にかけての委縮がみられる。

⒃ 物盗られ妄想とは、物やお金が盗られていないのに、「盗られた」と思い込む妄想で、女性に多く、攻撃の矛先は嫁など身近で介護する人に向かう。これには身近な家族や健康、役割などの喪失が起因となっているといわれる。

⒄ 西田利貞による解説による。

⒅ ハイ・コンテクストとは文脈性を瞬時に伝達することである。もともとホールの「ハイ・コンテクスト」社会と「ロー・コンテクスト」社会という概念による。ホールによれば、米国は「ロー・コンテクスト」社会、日本は「ハイ・コンテクスト」社会の典型となる。「ハイ・コンテクスト」社会においては、文化的なコードが暗黙裡に共有されている度合いが高く、情報量は節約され、いわば以心伝心の状態となる。

⒆ 認知症に必ずみられる症状。記憶障害、見当識障害、思考障害など。

⒇ 必ず現れるとは限らない症状で中核症状により二次的に引き起こされるものであり、もの盗られ妄想や嫉妬妄想、不眠、抑うつ、不安、徘徊など多様なものがある。

(21) 一見会話が成立しているようにみえても情報の伝達は行われていないコミュニケーションは、精神医学的には「みせかけの会話 Scheinsprach」あるいは「偽会話 Pseudodialog」であり、「みせかけの交流 Scheinkommunikation」と表現される。

(22) スピノザは、感情の前に理念は無力であり、感情、情動に働きかける必要性を説き、この活動力を増大させ、喜びを増大させる仕組みとして民主主義を考えたのだとする（浅野 2006b：58)。こうした〈喜び〉を求め活動力を最大限にするための共同体、社会、国家、民主主義の仕組みについてはネグリ、浅野、竹沢らが考察している。

(23)『ユリシーズ』『フィネガンズ・ウェイク』などで知られるアイルランドの小説家、ジョイスの『ダブリン市民』では「エピファニー」が導入されている。エピファニーとはジョイスによって特有の意味を与えられた語で、ものごとを観察するうちにその本質が露呈する瞬間のことであり、ジョイス以降こうしたものごとの本質の顕現をテーマとする作品のことを「エピファニー文学」と呼ぶようになった。

(24) 原爆が投下された日が終戦だったと記憶されているのも興味深い。

(25) コミュニタスの例としてカーニヴァルや千年王国運動、僧院、巡礼などをあげている。

(26) 特定の社会集団に動植物種の名前を付与し、その動植物をトーテムとよぶ。同じトーテム集団における婚姻は禁止され、トーテムの動植物を殺したり食べたりすることは禁止される。そしてその社会集団はトーテムに関連する儀礼を持つ。

(27) 残念ながら、そうしたディスプレイを確認するための VTR による資料はないので、ただ IC レコーダに録音された音声の調子、間合いから判断するのみである。

(28) クオリア的記憶といってもよいかもしれない。クオリアとは感覚にともなう独特な質感を表わす概念。

(29) プルーストのこの小説は、記憶小説ともいわれ、ほとんど自分自身の体験や人間関係をもとにして書かれたとされている。科学ライターのジョナ・レーラーは『プルーストの記憶、セザンヌの眼—脳科学を先取りした芸術家たち』(Lehrer 2007=2010) において、プルーストが当時の科学に先んじて、記憶の真実に触れていたことを指摘している。

(30) ノラはかつての集合的記憶のなかに記憶の力を見ていた。彼は真の記憶は今日では動作や習慣やことばでは伝えられない技、身体の知識、刷り込まれた記憶のなかにのみ潜んでいるとする (Nora 1984=2002: 31-8)。ベンヤミンはプルーストのいう無意志的記憶は厳密な意味での経験が存在しているところでは集合的記憶と結合するとし、その例として儀式や祝祭をともなう礼拝をあげている (Benjamin 1939=1995: 425)。

(31) 記憶障害に見られる症状の一つで、認知症にも認められる。思い出せない状況、事柄について欠落した記憶を補うような辻褄合わせをするもの（当惑作話）や、物事の事実関係があいまいになって願望が現実のように出てくるもの（空想作話）がある。

(32) 第 1 章 3 節においてオリバー・サックスの『妻を帽子とまちがえた男』のなかの「アイデンティティの問題」に出てくるトンプソン氏の例を引用したが、この中でトンプソン氏が旅行に出かけて乗ったタクシーの運転手が、トンプソン氏が次から次へとすばらしい冒険に満ちた驚くべき身の上を語ってくれたとサックスに語っている。彼は言う。「あらゆる所を旅行し、あらゆる経験をして、会ってない人なんかいないみたいでした。一生のうちに、あんなにたくさんの経験ができるなんて、信じられない」(Sacks 1985=1992: 199)。

(33) 1952 年、李承晩が発した「海洋主権宣言」によって朝鮮半島周辺の水域に設定した線。その水域の表面・水中および海底の天然資源に対する韓国の主権を主張。この海域内での日本漁船の操業が不可能になった。日本は「国際法上の慣例を無視した措置」として強く抗議、65 年、日韓漁業協定の締結で廃止。李ラインともいう。ラインが廃止されるまでの 13 年間に、韓国による日本人抑留者は 3929 人、拿捕された船舶数は 328 隻、死傷者は 44 人を数えたとされる。

(34) アリセプトは商品名で一般名（成分）はドネペジル塩酸塩。アルツハイマー病になると、脳内のアセチルコリンが不足し、神経間の伝達が悪くなってくる。この薬は、アセチルコリンを分解するアセチルコリンエステラーゼという酵素の働きを妨害しその結果、脳内のアセチルコリンが増え、神経間の伝達がスムーズになる。早期に使用することによって認知機能の一時的な改善をもたらす。

(35) バレンタインデーに通所者のメンバーとチョコレートを作り家族にもプレゼントしたのだった。

文献

赤坂憲雄，2004，『異人論序説』筑摩書房.

浅野俊哉，2006a，『スピノザ　共同性のポリティクス』洛北出版.

――――，2006b，「『喜び』とアソシエーションの理論――スピノザの情動、触発、コナトゥス」『談「情動回路」』76: 43-58.

Arendt, Hannah, 1951, *The Origins of Totalitarianism,* New Yor,: Harcourt, Brace.（＝1975，大久保和郎、大島かおり訳『全体主義の起源　第三巻「全体主義」』みすず書房.）

――――，1958, *The Human Condition,* Chicago: University of Chicago Press.（＝1994，志水速雄訳『人間の条件』筑摩書房.）

Bartlett, Frederic C., 1932, *Remembering,* Cambridge: Cambridge UP.（=1983，宇津木保・辻正三訳『想起の心理学』誠信書房．）

Bateson, Gregory, 1972, *Steps to An Ecology of Mind,* NY: Balantine.（＝2000，佐藤良明訳『精神の生態学』新思索社.）

Benjamin, Walter, 1939, *Über einige Motive bei Baudelaire,* Frankfurt: Suhrkamp Verlag.（＝1995，浅井健二郎編訳・久保哲司訳「ボードレールにおけるいくつかのモティーフについて」『ベンヤミン・コレクション１　近代の意味』筑摩書房：419-88.）

Berger, Peter L. and Hansfried Kellner, 1964, "Marriage and the Construction of Reality", *Diogenes* 12(46): 1-24.

Bischof-köhler, Doris, 1988, "Über den Zusammenhang von Empathie und der Fähigkeitsich im Spiegel zu erkennen", *Schweizerische Zeitschrift für Psychologie,* 47: 147-59.

Bourdieu, Pierre. 1980, *Le Sens Pratique,* Paris : Editions de Minuits.（＝1988，今村仁司・港道隆訳『実践感覚　I』みすず書房.）

Caillois, Roger, 1950, *L'homme et le sacré, dition augmentée de trois appendices sur le sexe, le jeu, la guerre dans leurs rapports avec le sacré,* Paris: Gallimard.（＝1994，塚原史ほか訳『人間と聖なるもの』せりか書房.）

――――，1951, *Quatre Essais de Sociologie Contemporaine,* Paris: Olivier Perrin Editeur.（＝2000，内藤莞爾訳『聖なるものの社会』筑摩書房.）

Church, Russel M., 1959, "Emotional reactions of rats to the pain of others", *Comparative Physiological Psychology,* 52: 132-4.

Collins, Randall, 1975, *Conflict Sociology: Toward an Explanatory Science,* NY: Academic Press.

――――，1982, *Sociological Insight: An Introduction to Nonobvious Sociology,* Oxford: Oxford Univer-sity press, Inc..（＝1992，井上俊・磯部卓三訳『脱常識の社会学――社会の読み方入門』岩波書店.）

――――，1987, "Interaction Ritual Chains, Power and Property: The Micro-Macro Connection as an Empirically Based Theoretical Problem", Jeffrey C. Alexander eds., The Micro-Macro Link, Berkeley: University of California Press.（＝1998，石井幸夫ほか訳『ミクロ - マクロ・リンクの社会理論』新泉社.）

Connerton, Paul, 1989, *How Societies Remember,* Cambridge: Cambridge University Press.（＝2011,

芦刈美紀子訳『社会はいかに記憶するか――個人と社会の関係』新曜社.）

Csikszentmihalyi, Mihaly, 1990, *Flow: The Psychology of Optimal Experience,* New York: Harper and Row.（= 1996, 今村弘明訳『フロー体験――喜びの現象学』世界思想社.）

Damasio, Antonio R., 1994, *Decartes' Error: Emotion, Reason, and the Human Brain,* NY: G.P. Putnam.（= 2010, 田中三彦訳『デカルトの誤り――情動、理性、人間の脳』筑摩書房.）

――――, 2003, *Looking for Spinoza: Joy, Sorrow, and the Feeling Brain,* Orlando: Houghton Mifflin Harcourt.（= 2005, 田中三彦訳『感じる脳――情動と感情の脳科学　よみがえるスピノザ』ダイアモンド社.）

Deleuze, Gilles, 1981, *Spinoza: Philosophie Pratique,* Paris : Minuit.（= 2002, 鈴木雅大訳『スピノザ―実践の哲学』平凡社.）

DeLillo, Don, 2007, *Falling Man,* New York: Scribner.（= 2009, 上岡伸雄訳『墜ちてゆく男』新潮社.）

De Waal, Frans, 2009, *The Age of Empathy.*（= 2010, 芦澤泰偉・五十嵐徹訳『共感の時代へ――動物行動学が教えてくれること』紀伊国屋書店.）

Dunbar Robin, 1996, *Grooming, Gossip and the Evolution of Language,* London: Faber & Faber.（= 1998, 松浦俊介、服部清美訳『ことばの起源――猿の毛づくろい、人のゴシップ』青土社.）

Durkheim, Émile, 1912, *Les Formes Élémentaires de la Vie Religieuse,* Paris: P. U. F.（= 1975, 古野清人訳『宗教生活の原初形態　上・下』岩波書店.）

福島真人, 1993,「解説」レイヴとウェンガー著『状況に埋め込まれた学習――正統的周辺参加』産業図書 : 123-81.

福田正治, 2006,『感じる情動・学ぶ感情――感情学序説』ナカニシヤ出版.

藤井直敬, 2009,『つながる脳』NTT 出版.

――――, 2010,『ソーシャルブレインズ入門』講談社.

Gallup, Gordon G., 1970, "Chimpanzees: Self-recognition", *Science*, 167: 86-7.

――――, 1983, "Toward a comparative psychology of mind", Mellgren R. L. ed., *Animal Cognition and Behavior,* 86-7.

Gazzaniga, Michael S., 2008, *Human: The Science Behind What Makes Us Unique,* NY: Harper Collins Publishers.（= 2010, 柴田裕之訳『人間らしさとはなにか？――人間のユニークさを明かす科学の最前線』インターシフト.）

Geertz, Clifford, 1973, *The Interpretation of Culture,* New York: Basic Books.（= 1987, 吉田禎吾ほか訳『文化の解釈学Ⅰ』岩波書店.）

Gennep, Arnold van, 1909, *Les Rites de Passage,* Paris: Emile Nourry.（= 1995, 綾部恒雄ほか訳『通過儀礼』弘文堂.）

Goffman Erving, 1967, *Interaction Ritual: Essays on Face-to-Face Behavior,* Doubleday Anchor.（= 1986, 広瀬英彦・安江孝司訳『儀礼としての相互行為』法政大学出版局.）

――――, 1974, Frame Analysis ; An Essay on the Organization of Experience. New York: Harper & Row.

Gubrium, Jaber F. and James A. Holstein, 2000, "Analyzing Interpretive Practice", *Handbook of*

Qualitative Research, second edition, California: Sage Publications, 487-508.（＝2006，古賀正義訳「解釈実践の分析」『質的研究ハンドブック２巻　質的研究の設計と戦略』北大路書房，145-67.）

速水奈名子，2006，「身体社会学とゴッフマン理論」『コロキウム』2: 80-102.

Halbwachs, Maurice, 1950, *La Mémoire Collective,* Paris: PUF.（＝1989，小関藤一郎訳『集合的記憶』行路社.）

Hatfiled, Elaine C., John T. Cacioppo and Richard L. Rapson, 1994, *Emotional Contagion,* New York: Cambridge University Press.

Iacoboni, Marco, 2008, *Mirroring People: The New Science of How We Connect with Others,* NY: Farrar Straus & Giroux.（＝2009，塩原通緒訳『ミラーニューロンの発見「物まね細胞」が明かす驚きの脳科学』早川書房.）

香月洋一郎，2002，『記憶すること・記録すること――聞き書き論ノート』吉川弘文館.

木下康仁，1997，『ケアと老いの祝福』勁草書房.

熊倉徹雄，1983，『鏡の中の自己』海鳴社.

Laing, R. D., 1961, *Self and Others,* London: Tavistock Publications.（＝1975，志貴春彦・笠原嘉訳『自己と他者』みすず書房.）

Lehrer, Jonah, 2007, *Proust was a Neuroscientist,* Boston & New York: Houghton Muffin.（＝2010，鈴木晶訳『プルーストの記憶、セザンヌの眼』白揚社.）

Lewis, Michael and Douglas Ramsey, 2004, “Developpment of self-recognition, personal pronounuse, and pretend play during the 2nd year”, *Child Development,* 75: 1821-31.

Linden, David J., 2007, *The Accidental Mind: How Brain Evolution Has Given to Us Love, Memory, Dream, and God,* Boston: Harvard University Press.（＝2009，夏目大訳『つぎはぎだらけの脳と心――脳の進化は、いかに愛、記憶、夢、神をもたらしたのか？』インターシフト.）

Luhmann, Niklas, 1982, *Liebe als Passion: Zur Codierung von Intimitat.* Suhrkamp Verlag.（＝2005，佐藤勉・村中知子訳『情熱としての愛：親密さのコード化』木鐸社.）

松浦雄介，2005，『記憶の不確定性――社会学的探究』東信堂.

松本元，1996，『愛は脳を活性化する』岩波書店.

真木悠介，1993『自我の起源――愛とエゴイズムの動物社会学』岩波書店.

Mead, George H., 1934, *Mind, Self, and Society, from the standpoint of a social behaviorist,* Chicago: The University of Chicago Press.（＝1995，河村望訳『デューイ＝ミード著作集６　精神・自我・社会』人間の科学新社.）

Musil, Robert, 1978, *Der Mann Ohne Eigenschaften,* Hamberg: Rowohlt Verlag.（＝1993，加藤二郎訳『ムージル著作集　第３巻　特性のない男　Ⅲ』松籟社.）

中井久夫，1997，『アリアドネからの糸』みすず書房.

中村雄二郎，1997，『術語集Ⅱ』岩波書店.

Nora, Pierre, 1984, “Entre Mémoire et Histoire: La problématique des lieux,” Pierre Nora dir., 1984, *Les Lieux De Mémoire,* Paris: Gallimard.（＝2002，長井伸仁訳「序論　記憶と歴史のはざまに」谷川稔監訳『記憶の場――フランス国民意識の文化＝社会史　第１巻

対立』岩波書店：29–56.）
O'Brien, Tim, 1987, "How to Tell a True War Story", *The Things They Carried,* Boston: Houghton Mifflin.（＝1998, 村上春樹訳『本当の戦争の話をしよう』文藝春秋.）
小澤勲，2003,『痴呆を生きるということ』岩波書店.
———，2005,『認知症とは何か』岩波書店.

Proust, Marcel, 1913-1927, *À la recherche du temps perdu,* Paris: Gallimard.(=2002, 鈴木道彦訳『失われた時を求めて 1・2・3 抄訳版』集英社.）
Ricœur, Paul, 2000, *La Mémoire, L'Histoire,* L'oubli, Paris.（=2004, 久米博訳『記憶・歴史・忘却〈上〉』新曜社.）
標美奈子，2001,「回想的に語られた介護体験プロセス――痴呆性老人の家族介護者の会役員の場合」『保健医療社会学会論集』12: 47-57.
下條信輔，1999,『〈意識〉とは何だろうか　脳の来歴、知覚の錯誤』講談社.
清水哲郎，2000,『医療現場に臨む哲学II　ことばに与る私たち』勁草書房.
鈴木道彦，2002,『プルーストを読む――『失われた時を求めて』の世界』集英社.
Sacks, Oliver, 1985, *The Man Who Mistook His Wife For A Hat.*（＝1992，高見幸郎・金沢泰子訳『妻を帽子とまちがえた男』晶文社.）
Spinoza, Benedictus, 1677, *Ethica.*（＝1951，畠山尚志訳『エチカ　上・下』岩波書店.）
Turner, Jonathan H., 1992, *The Social Gage: Human Nature and the Evolution of Society,* California: Stanford University Press.（＝2009, 正岡寛治訳『社会という檻――人間性と社会進化』明石書店.）
———, 2000, *On the Origins of Human Emotions: A Sociological Inquiry into the Evolution of Human Affect,* California: Stanford University Press.（＝2007，正岡寛治訳『感情の起源――自律と連帯の緊張関係』明石書店.）
———, 2002, *Face to Face: Toward a Sociological Theory of Interpersonal Behavior,* California: Stanford University Press.（＝2010，正岡寛治訳『出会いの社会学――対人相互作用の理論展開』明石書店.）
Turner, Victor W., 1969, *The Ritual Process: Structure and Anti-Structure,* Chicago: Aldine Publishing Company.（＝1996，冨倉光雄訳『儀礼の過程』新思索社.）
———, 1974, *Dramas, Fields, and Metaphors: Symbolic action in Human Society,* NY: Cornell University Press.（＝1981，梶原景昭訳『象徴と社会』紀伊国屋書店.）
内田樹，2004,『死と身体』医学書院.
Uddin, Lucina Q., Jonas T. Kaplan, Istvan Molnar-Szakacs, et al., 2005, "Self-face Recognition Ac-ti-vates a Frontoparietal 'Mirror' Network in the Right Hemisphere: An Event-related fMRI Study", *Neuroimage* 25: 926-35.
吉澤夏子, 2006,「ルーマン・システム理論」江原由美子・山崎敬一編『ジェンダーと社会理論』有斐閣.

あとがき

本書は立教大学に提出した2011年度博士学位論文「記憶と感情の社会学 - 認知症とコルサコフ症候群のフィールドワークから」の第II部である実践編を中心に加筆修正したものである。

指導教授の木下康仁先生には修士課程に入る前からこれまで、ずっとご指導いただいている。精神科の作業療法士であった私は臨床の現場での疑問から患者さんへインタビューを重ね、テープ起こししたデータの束を抱えていた。ここには解き明かされるべきものが原石のまま潜んでいるという確信があったが、どうやって探りだしていけばいいのか、その方法がわからずに質的研究法についての本を手当たり次第に読み漁っていた。そのときであったのが木下先生のM-GTAに関する最初のご著書で、「これだったらできるかも！」という直感のもと、本に書かれていた先生のメールアドレスにご連絡したのだった。社会学を学びたいという思いが強くなり、立教大学の修士課程に入ってからは高齢者へとフィールドを移し、土着的な風土のなかにシステム的なものがうまく溶け込んでいるようにみえる中山間地でフィールドワークし『中山間地のエスノグラフィー』なる修士論文を書き上げた。そして今回の博士論文では、村からもっと小さな単位、認知症デイケアをフィールドとして、そこで交わされる高齢者や職員、家族との相互行為を描いている。

博士課程に入ってからも、なかなかテーマが確定せず、4年目になって「記憶とケア」をテーマにしたいとご相談したときも、木下先生からは「もう1本、軸が必要」といわれて途方にくれた。そうはいわれてもまったく何も思い浮かばない私に、数日後、先生の方から「もう1本は感情なのでは」と示唆を受けたのだが、たぶん私のリアクションは薄かったのではないかと思われる。デイケア現場になれた私にとって、感情は自明すぎて自覚されてこなかった。しかしもう一度感情の視点から見つめると、データは新しい表情を見せて輝き始めた。

副指導教授の奥村隆先生にも丁寧なご指導をいただいた。いつも思わぬ視点やアイデアをいただいて、奥村ゼミでの発表の経験は、緊張するのだけれどコメントのひとつひとつが貴重で有り難かった。博士論文の審査では野呂芳明先生、三浦雅弘先生、そして作業療法の分野から近藤敏先生に暖かく丁寧なご指導をいただいた。これ以上望めないような指導メンバーで本当に幸せな経験であった。心より御礼申し上げます。そして認知症デイケアで一緒に感情の共同体をつくりあげていたメンバーのみなさん、スタッフの仲間にこの本を捧げます。冒頭で、ギアーツのいう「厚い記述」を目指すことを宣言したものの、本書がどれほどそれを達成できているのかは心許ない。ギアーツは「自分自身を彼らの中に見出すことは、ほとんど成功することのない絶望的な作業である」(Geertz 1973=1987: 23) という。しかし違う時代や社会背景を生きてきた人々の人生を聞き、想像する作業はいつもなぜか楽しいものであった。

出版にあたっては熊本保健科学大学の出版助成を受けている。今回の出版助成で背中を押してもらわなかったら、ぐずぐずと出版を先延ばしにしていたと思われる。また本書の刊行をお引き受けいただきましたハーベスト社の小林達也氏にも感謝申し上げます。

2016年11月

佐川　佳南枝

人名索引（50音順）

事項索引（50音順）

著者紹介

佐川　佳南枝（さがわ　かなえ）

2012年、立教大学大学院社会学研究科社会学専攻博士課程後期課程修了。博士（社会学）。

現在、熊本保健科学大学保健科学部リハビリテーション学科准教授、作業療法士

共著書『ケアラー支援の実践モデル（M-GTAモノグラフシリーズ 2)』ハーベスト社、2015

『多元的共生社会の構想』現代書館、2014

『自立と福祉』現代書館、2013

『分野別実践編グラウンデッド・セオリー・アプローチ』弘文堂、2005

記憶と感情のエスノグラフィー――――――――――――――

認知症とコルサコフ症候群のフィールドワークから

発　行　――2017年3月15日　第1刷発行

定　価　――定価はカバーに表示

©著　者　―佐川佳南枝

発行者　―小林達也

発行所　―ハーベスト社

〒188-0013　東京都西東京市向台町 2-11-5

電話　042-467-6441

振替 00170-6-68127

http://www.harvest-sha.co.jp

印刷・製本　㈱平河工業社

落丁・乱丁本はお取りかえいたします。

Printed in Japan

ISBN978-4-86339-084-3 C1036

既刊書から

M-GTA モノグラフ・シリーズ
M-GTAの分析例と実践的応用

M-GTAによる生活場面面接研究の応用

実践・研究・教育をつなぐ理論

小嶋章吾・嶌末憲子著　四六判　本体 1800 円　M-GTA モノグラフ・シリーズ 1

978-4863390638

M-GTA を用いた研究結果である「生活場面面接体系化のためのプロセス理論」が、研究面、実践面、教育面、政策面にどのように応用ないしは反映され、さらなる研究へと発展しえたかについて紹介するものである。社会福祉研究においては、「実践の科学化」（岡本民夫）が目指されて久しい。この遠大だが、社会福祉実践にとっては焦眉の課題への一助となることを望んでやまない。

ケアラー支援の実践モデル

木下康仁編・四六判　本体 2300 円　M-GTA モノグラフ・シリーズ 2

978-4863390683

ケアラー支援の必要性が理解されさまざまなレベルで拡充していくためには、なによりも当事者を日常生活レベルで理解することが不可欠であり、支援の施策化が充実していくためにはライフスタイルとしてのケアラー体験という一般化した認識が社会的に共有されていく必要がある。

日本語学習動機とポップカルチャー

カタールの日本語学習者を事例として

根本愛子著　四六判●本体 1800 円　M-GTA モノグラフ・シリーズ 3

978-4863390737

ポップカルチャーが日本語を学ぶ動機になるってホント？「ポップカルチャーが学習動機となる」とわたしたちが考えていることを知っている学生は、本当の理由を隠してわたしたちが喜ぶ話をするのだ。中東カタールの日本語学習者にたいする調査をとおして、日本語を学ぶ動機とポップカルチャーとの関係を追究する。

ハーベスト社